C.H.BECK  **WISSEN**

in der Beck'schen Reihe

W0191765

Die ägyptischen Pyramiden zählten bereits in der Antike zu den Sieben Weltwundern. So heißt es in einem Werk des griechischen Ingenieurs Philon von Byzanz, der um 200 n. Chr. schrieb: «Die Pyramiden in Memphis zu errichten scheint unmöglich, sie zu erforschen wundersam. Berge sind nämlich auf Berge gebaut, und die Größe der würfelförmigen Quader macht ihren Aufbau unvorstellbar, da niemand zu fassen vermag, mit welchen Kräften die so schweren Werkstücke hochbewegt werden konnten.» Die Faszination, die von diesen gewaltigen Grabbauten ägyptischer Könige ausgeht, hat bis auf den heutigen Tag nichts von ihrer Wirkungsmacht eingebüßt. Doch war und ist die geheimnisvolle Aura der Pyramiden auch Quelle ebenso zahlreicher wie unsinniger Spekulationen und Theorien über ihre Baugeschichte, ihre Funktion und ihre Besonderheiten gewesen. Der vorliegende Band vermittelt anschaulich, allgemeinverständlich und anregend das Grundwissen über Entstehung und Bedeutung der ägyptischen Pyramiden und zeigt, daß sie auch ohne Sensationshascherei zu Recht unser staunendes Interesse verdienen.

Peter Jánosi, Jahrgang 1960, lehrt als Dozent an der Universität Wien. Seine Grabungstätigkeiten in Ägypten führten ihn auf die Pyramidenfelder von Giza, Abusir, Dahschur und el-Lischt. Seine Forschungs- und Publikationsschwerpunkte bilden vor allem Fragen zur Archäologie und Baugeschichte des Alten Ägypten.

Peter Jánosi

DIE PYRAMIDEN

Mythos und Archäologie

Verlag C. H. Beck

Für
Amir und Taimur

Mit 15 Abbildungen und 1 Karte
sowie mit einer Zeittafel zur Geschichte Ägyptens
auf der vorderen Umschlaginnenseite
und einer Übersicht über die wichtigsten Pyramiden
des Alten und Mittleren Reiches
auf der hinteren Umschlaginnenseite.

Originalausgabe
© Verlag C.H. Beck oHG, München 2004
Satz: Fotosatz Reinhard Amann, Aichstetten
Druck und Bindung: Druckerei C.H.Beck, Nördlingen
Umschlagbild: Pyramiden von Gizeh, 3. Jahrtausend v. Chr.,
Photo: akg-images/Dr. E. Strouhal
Umschlagentwurf: Uwe Göbel, München
Printed in Germany
ISBN 3 406 50831 6

www.beck.de

Inhalt

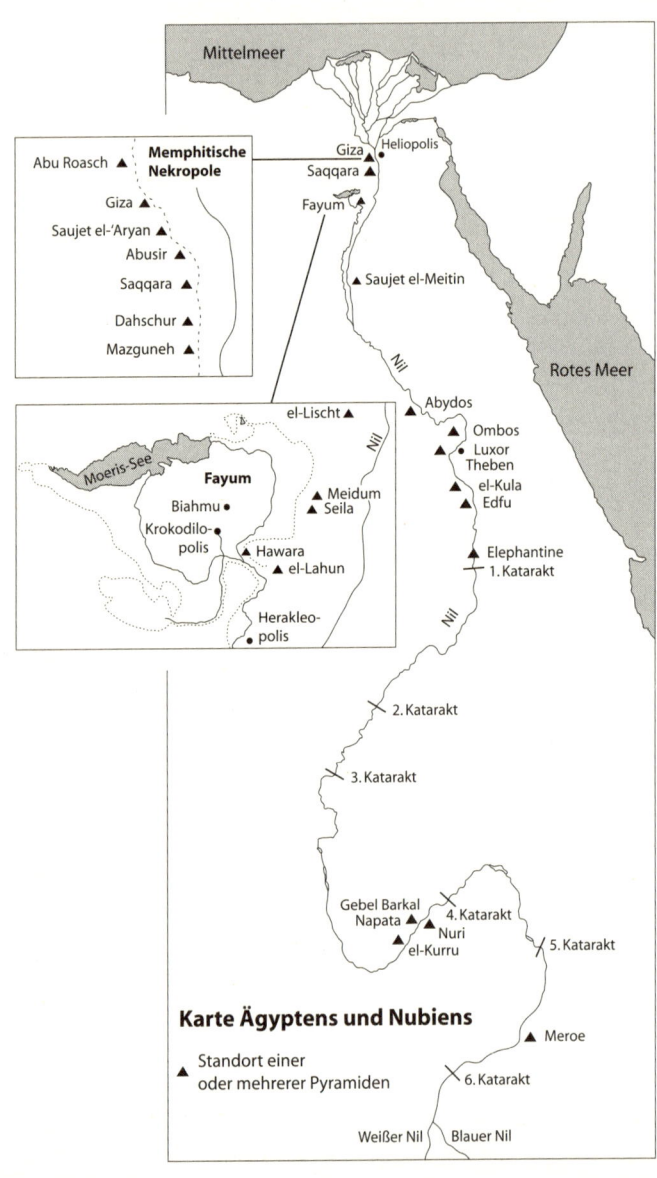

Mittelmeer

Memphitische Nekropole

Abu Roasch ▲

Giza ▲

Saujet el-'Aryan ▲

Abusir ▲

Saqqara ▲

Dahschur ▲

Mazguneh ▲

Giza ▲ ● Heliopolis

Saqqara ▲

Fayum ▲

▲ Saujet el-Meitin

Nil

Rotes Meer

el-Lischt ▲

Fayum

Moeris-See

Nil

Biahmu ●

Krokodilo-polis ●

▲ Meidum

▲ Seila

▲ Hawara

▲ el-Lahun

Herakleo-polis ●

▲ Abydos

▲ Ombos

● Luxor

Theben

▲ el-Kula

▲ Edfu

▲ Elephantine

⌿ 1. Katarakt

Nil

⌿ 2. Katarakt

⌿ 3. Katarakt

Gebel Barkal ▲ ⌿ 4. Katarakt

Napata ▲

▲ Nuri

el-Kurru ▲

⌿ 5. Katarakt

▲ Meroe

Karte Ägyptens und Nubiens

▲ Standort einer oder mehrerer Pyramiden

⌿ 6. Katarakt

Weißer Nil   Blauer Nil

Vorwort

Schön aber ist es, wenn die Hände der Menschen
Pyramiden bauen, ... *

Pyramiden sind das Sinnbild Altägyptens schlechthin, und die
Faszination, die von diesen Bauwerken ausgeht, ist bis auf den
heutigen Tag ungebrochen. Archäologische Entdeckungen, Spe-
zialforschungen sowie die jährlich wachsende Zahl an Literatur
belegen das Interesse an diesen Monumenten. Form, Monumentalität, die präzisen Maße sowie die Legenden und Theorien über den Bau der Pyramiden bewegten zu allen Zeiten die
Menschheit, den Sinn und Zweck dieser Steinkolosse zu enträt-
seln. Wer waren ihre Besitzer? Wozu dienten die Pyramiden?
Waren es tatsächlich nur Königsgräber, heute stumme Zeugen
einer längst vergangenen Hochkultur, oder gibt es noch Ge-
heimnisse in ihrem undurchdringlichen Massiv? Wie wurden
die Pyramiden erbaut? Waren tatsächlich nur einfache technische Hilfsmittel im Einsatz, pure Menschenkraft, praktisches,
über Generationen erworbenes Wissen, sowie die feste Überzeugung, einem gottähnlichen Herrscher ein Grab zu errichten?

Den heutigen Menschen inmitten einer rationellen, schnell-
lebigen Zeit mögen unspektakuläre Erklärungen zum Pyramidenbau nicht immer befriedigen; zu unvorstellbar erscheint die
Anstrengung und der Aufwand, sollte es lediglich darum gegan-
gen sein, einem toten König eine Ruhestätte zu verschaffen. In
der Tat wäre dies auch eine irreführende Vereinfachung: Die Pyramide ist Teil eines gewaltigen Baukomplexes, in den sie architektonisch eingebunden war und der dem Kult des verstorbenen
Königs diente (der Begriff «Pharao» wurde erst für die Herr-

---

* Aus den Mahnworten des Ipuwer, Papyrus Leiden 344 (um 1292–1186
v. Chr., 19. Dynastie).

scher des Neuen Reiches, ab 1550 v. Chr., verwendet). Die Pyramide war also Grabstätte für einen weltlichen Herrscher, im Besonderen aber die Kultanlage eines Gottes. Pyramidenanlagen waren die geheimnisvollen Orte der Verwandlung des toten Königs zum unsterblichen Gott.

Über ein Jahrtausend lang wurden den Königen Ägyptens Pyramiden als Grabstätten errichtet. Während dieser Zeit wandelte sich nicht nur der Status des Herrschers, sondern auch die Pyramidenanlagen zeigen in Form, Größe und Gestaltung, daß sie einem Wandel unterlagen, der diese veränderte Position des Königs in der altägyptischen Kultur reflektierte.

Durch den Bau einer Pyramidenanlage wurde der Zusammenhalt einer Gesellschaft gewährleistet, die sich bewußt war, wozu sie diese Anstrengungen auf sich nahm. Nicht Despotie, Tyrannei oder menschliche Hybris waren der Antrieb, sondern die Überzeugung, mit der Errichtung eines solchen Monuments – ähnliches gilt für die gotischen Kathedralen – einem Gott eine Stätte der Regeneration und Verehrung zu errichten. Der Pyramidenbau sicherte das Gemeinwohl und die Fortdauer des Volkes. Das Ende des Pyramidenbaus bedeutete das Ende des altägyptischen Staates als geordnete Welt.

Nach einer kurzen, allgemeinen Einführung zu Pyramide und Pyramidenanlage skizzieren die folgenden Seiten die wechselvolle und abenteuerliche Geschichte der Entdeckung und Erforschung dieser Königsgräber. Die Funktion der Pyramide im Totenkult für den verstorbenen Herrscher sowie die Fragen der Bautechnik – Theorien, Spekulationen, archäologische Befunde – werden in zwei weiteren Kapiteln behandelt. Der Band schließt mit der kommentierten Beschreibung der wichtigsten Pyramidenanlagen und nimmt den Leser mit auf eine Reise zu den Grabstätten der ägyptischen Herrscher.

I. Die Pyramiden – Eine Einführung

Als Mitte des 3. Jt. v. Chr. in Europa die letzte Phase der Jung-
steinzeit, die sogenannte Kupferzeit, herrschte, war Ägypten ein
Königreich mit einer fest ausgebildeten Gesellschaftsstruktur,
einer hoch entwickelten Staatsführung und Verwaltung. Die
ägyptische Schrift war bereits seit einem halben Jahrtausend
Grundlage des organisierten Staatswesens. Religion, Königtum
und ein straff geführter Beamtenapparat bestimmten das Ge-
schehen am Nil. Die Pyramiden sind Produkte dieses entwickelten und gut organisierten Staatsgefüges und Ausdruck einer
umfassenden Staatsidee.

Wenn man von den ägyptischen Pyramiden spricht, denkt
man in erster Linie an die drei großen Bauwerke der Könige
Cheops, Chephren und Mykerinos (2639–2504 v. Chr., 4. Dynastie), die unter der Bezeichnung «Pyramiden von Giza» (dt.
auch Gizeh) nahe bei Kairo stehen. Sie zählen zum fixen Pro-
grammpunkt jeder Ägyptenreise. Blickt man vom Gizaplateau
gegen Süden, so gewahrt man an klaren Tagen die Pyramiden-
gruppe von Abusir (2504–2347 v. Chr., 5. Dynastie) und dahinter die Stufenpyramide des Königs Djoser aus der Zeit der
3. Dynastie (2707–2639 v. Chr.) in Saqqara am Horizont.

Im Altertum erhoben sich diese charakteristischen Bauwerke
vom Nildelta bis tief in den heutigen Sudan (Abb. Karte), der zu
jener Zeit unter ägyptischem Einfluß und zeitweise auch unter
der direkten Kontrolle Ägyptens stand. Die genaue Anzahl der
einst erbauten Pyramiden kann heute nur geschätzt werden:
Allein für die Epochen des Alten und Mittleren Reiches (2707–
2170 und 2119–1794 v. Chr.) werden etwa 130 Pyramiden ge-
zählt und mindestens ebensoviele für die nachfolgende Zeit bis
zum Erlöschen der ägyptischen Kultur.

Das Wort «Pyramide» stammt aus dem Griechischen. Bis heute ist allerdings nicht geklärt, ob diese Bezeichnung πυραμίς direkt von dem altägyptischen Ausdruck *mer* abgeleitet wurde: Mit dem bestimmten Artikel *pa* versehen, ergab der Ausdruck *pa mer* («die Pyramide», «das Grabmal») einen Lautwert, der durchaus im Wort Pyramide anklingt.

In einigen mathematischen Papyri taucht auch ein Terminus auf, der ebenfalls in dem griechischen Wort für Pyramide anklingt und diesem möglicherweise zugrunde liegt: Der mathematische Begriff für die Höhe einer Pyramide lautet *per-em-us* («das, was [senkrecht] heraufgeht aus dem ‹us›», letzteres ist ein terminus technicus unklarer Bedeutung, doch könnte diese mit dem Pyramidenbau verbundene Wendung, die die Distanz von der Basis zur Pyramidenspitze festlegte, zu der Namensbildung angeregt haben. Allerdings hätten die alten Griechen dann diesen mathematischen Ausdruck auf das gesamte Bauwerk übertragen.

Es gibt auch Versuche, das Wort *mer* aus einem *em-ar* (lokales m-Präfix verbunden mit dem Verbum für «aufsteigen») abzuleiten, was dann soviel bedeutet, wie «der Ort, an dem der Herrscher nach seiner Bestattung zum Himmel aufsteigt». Die Form des königlichen Grabmals wäre dann also als eine Art Treppe oder Rampe für den Himmelsaufstieg zu verstehen. Die sogenannten «Pyramidentexte», magische Sprüche, die dem König im Jenseits Macht verleihen sollten, wurden zum ersten Mal in der Pyramide des letzten Herrschers der 5. Dynastie, König Unas (2367–2347 v. Chr.), auf den Wänden der Sargkammer aufgezeichnet. Diese Texte lassen keinen Zweifel daran, daß es der Wunsch der toten Könige war, unter die unvergänglichen Sterne versetzt zu werden.

Vielleicht stammt die Bezeichnung «Pyramide» aber auch nur von dem spitzförmigen Weizenkuchen, den die Griechen πύραμοῦς nannten. Möglicherweise übertrugen sie diesen Ausdruck ohne einen Bezug zum Altägyptischen aufgrund der äußeren Form auf die alten Königsgräber. Dies wäre ein ähnlicher Vorgang wie bei der Bezeichnung für «Obelisk», die aus ὀβελίσκος «Bratspießchen» abgeleitet und nicht dem altägyptischen Namen (*techen*) entlehnt wurde.

Während der gesamten 3000-jährigen ägyptischen Geschichte wurden Pyramiden erbaut. Nicht alle waren von so kolossaler Größe und so präzise errichtet wie die bekannten Monumente der Könige der 4. Dynastie (2639–2504 v. Chr.), die als Epoche der großen Pyramiden gilt. Generationen davor und viele Jahrhunderte danach wurden ebenfalls Pyramiden erbaut, und einige dieser Pyramiden kennen wir nur aus schriftlichen Quellen. Manche Pyramide harrt nach wie vor ihrer Entdeckung. Die meisten waren kleiner, kaum einige Meter hoch, und nachlässiger errichtet. Neben dem lokalen Gestein für den Kernbau dienten in vielen Fällen luftgetrocknete Schlammziegel als Baumaterial, die die Jahrhunderte meist nicht überdauert haben. Andere Pyramiden wurden mutwillig zerstört oder als Steinbruch mißbraucht.

Pyramiden dienten als Grabmäler. Sie waren das ins Monumentale gesteigerte Königsgrab, das den Körper des verstorbenen Herrschers beherbergte, aber auch Denkmal und Gehäuse, das die Präsenz des transzendierten Königs als Gott in dieser Welt versinnbildlichte. Die Pyramide stand im Mittelpunkt eines groß angelegten und mehrteiligen Baukomplexes mit unterschiedlich großen Kultanlagen und Nebengebäuden, die den architektonischen Rahmen zur Kultausübung bildeten. Zudem entstand um fast jede Pyramidenanlage auch der Friedhof für die nächsten Angehörigen und die Untergebenen des Herrschers, die nach ihrem Tod an seiner jenseitigen Existenz teilhaben wollten.

Die Pyramidenanlage war in der Regel aus Stein errichtet und bestand aus einem Taltempel, einem Aufweg, dem Pyramidentempel sowie der Pyramide als eigentlichem Grabmal.

Zuerst betrat man den Taltempel, der am Fruchtlandrand stand und über einen vom Nil aus künstlich angelegten Kanal von Schiffen direkt erreicht werden konnte. An bestimmten Festtagen legten auch Götterbarken hier an; die Gottheiten – als Statuen mitgeführt – machten dem König in seinem Pyramidentempel ihre Aufwartung. Der Taltempel war mit Reliefszenen und Königsstatuen ausgestattet. Aufgrund der Nähe zum Fruchtland sind die meisten Taltempel zur Steingewinnung abgerissen und

längst verschwunden; nur wenige konnten bisher archäologisch
nachgewiesen werden. Ein gedeckter Korridor – der sogenannte
Aufweg – verband den Taltempel mit dem höher in der Wüste
gelegenen Pyramidentempel. Kleine Lichtluken an der Decke
erhellten spärlich die bemalten Reliefszenen an den Wänden.
Je nach Lage und topographischen Gegebenheiten konnten
diese Aufwege beeindruckende Längen erreichen (Cheops: über
600 m, Djedefre: ca. 1500 m, Unas: ca. 720 m).

Das Herzstück des gesamten Pyramidenkomplexes bildeten
der Pyramidentempel und die Pyramide selbst. Der Pyramidentempel war unterteilt in einen vorderen Bereich, der nach heutigen Kenntnissen als «Verehrungstempel» diente, und einen
intimen, verborgenen Teil, das Allerheiligste, in dem das Totenopfer vollzogen wurde. Beides waren heilige Bereiche, zu denen
die Bevölkerung keinen Zutritt hatte.

Charakteristisch für den «Verehrungstempel» war der große
Hof mit Pfeiler- oder Säulenstellungen sowie der westlich an-
schließende Statuenraum, in dem der König verehrt wurde. Ab
der 5. Dynastie (2504–2347 v. Chr.) wurde der «Verehrungstempel» durch Einfügen eines eigenen Raumes für das Totenopfer sowie ausgedehnter Magazinkomplexe erweitert.

Die Pyramide selbst war von einem Hof und einer steinernen
Umfassungsmauer umgeben. Der Eingang lag in der Regel an
der Nordseite. Ab der späten 5. Dynastie wurde über der Korri-
doröffnung ein kleines Heiligtum, die sogenannte «Nordkapelle» errichtet, die ebenfalls dem Totenkult des Königs diente.

Im «Verehrungstempel» erhob sich auch noch eine kleine
Nebenpyramide, die «Kult-Pyramide» – oft auch als «Ka-Pyramide» bezeichnet und nicht zu verwechseln mit den sogenannten «Königinnenpyramiden», s. S. 13. Dieses Bauwerk stand zumeist an der Südostecke der Königspyramide und besaß keine
eigene Kultstelle. Der kleine, unterirdische Innenraum dieses
Bauwerks diente nicht zur Aufnahme einer Bestattung, sondern
erfüllte rituelle und symbolische Funktionen innerhalb des
Kultgeschehens, von denen noch zu berichten sein wird.

Bei einigen Pyramiden sind Gruben für Schiffsbestattungen
nachgewiesen. Die rituell beigesetzten Holzboote wurden dem

toten König mitgegeben, damit er auf seiner Jenseitsreise den Sonnengott begleiten konnte. Berühmtestes Beispiel ist das 1954 entdeckte Holzschiff des Königs Cheops (2604–2581 v. Chr.), eine königliche Barke von 43,30 m Länge und 5,90 m Breite, die nach den Gebrauchsspuren zu urteilen einst einen Teil der königlichen Grabausstattung transportiert haben dürfte. Der Fund, der aus über 1200 Teilen bestand, ist heute in einem eigenen Museum an der Südseite der Pyramide restauriert und ergänzt zu bewundern.

Außerhalb der Umfassungsmauer des Pyramidenbezirks und zumeist an der Südseite standen weitere kleine Pyramiden mit Kultanlagen, die den königlichen Frauen als Grabstätten dienten. Sie werden heute als «Königinnenpyramiden» bezeichnet.

Zur Zeit des Alten Reiches (2707–2170 v. Chr.) trug jede Pyramide einen eigenen Namen, der eine Aussage über den in ihr beigesetzten Herrscher enthielt. So nannte König Cheops seine Pyramide «Horizontisch ist Cheops» und wollte sich so mit der Unvergänglichkeit des immerwährenden Sonnenlaufs verbunden wissen. «Groß ist Chephren» oder wahrscheinlich korrekter «Chephren ist der Größte» lautete der Name der zweitgrößten Pyramide in Giza, und König Mykerinos pries sich ebenfalls mit seinem Bauwerk: «Mykerinos ist göttlich». Die Pyramidenanlage König Pepis I. (2279–2219 v. Chr., 6. Dynastie) in Saqqara-Süd hieß hoffnungsvoll Men-nefer-Pepi, «Es bleibt die Schönheit [König] Pepis». Dieser Pyramidenname wurde später auf die Hauptstadt Memphis (*Men-nefer* → griech.: Memphis) übertragen, die ursprünglich *inebu hedj*, «die weiße Mauer», hieß.

Ab dem Mittleren Reich wurden nicht nur Pyramiden mit verschiedenen Namen versehen, sondern – mit ihrer wachsenden Bedeutung für den Kult – auch die Pyramidentempel. Die nahe beim Taltempel entstandene Ansiedlung der Priester und Handwerker, die sogenannte Pyramidenstadt, erhielt ebenfalls eine eigene Bezeichnung. So hieß die Pyramide König Amenemhets I., des Begründers der 12. Dynastie (1976–1794 v. Chr.), «Stätten der Erscheinung des Amenemhet», sein Pyramidentempel «Erhaben ist die Vollendung des Amenemhet», und die Pyramidenstadt trug den Namen der vom Herrscher neugegründeten Residenz selbst: *Itji-taui*, «Bezwingerin der beiden Länder».

Als Standort für die Pyramiden wurde ausnahmslos das Westufer des Nils gewählt. Denn dort, wo die abendliche Sonne am Horizont untergeht, dachte man das Reich der Toten, und dort war auch der geeignete Platz für die Grabmäler. Für uns nicht zu erklären ist, warum Pyramiden oft über große Distanzen zueinander angelegt wurden: Die Königsgräber des Alten und Mittleren Reiches erheben sich von Abu Roasch im Norden bis ins Fayum (Abb. Karte). Merkwürdig dabei ist auch, daß viele Könige den Bestattungsplatz des Vorgängers bewußt nicht weiter nutzten, obwohl noch genügend Baugrund zur Errichtung einer weiteren Pyramidenanlage vorhanden gewesen wäre, von der Möglichkeit, die bereits existierenden administrativen und logistischen Einrichtungen zu nutzen, einmal ganz abgesehen. Es hat nicht an Versuchen gefehlt, diesen Umstand als Hinweise auf dynastische Auseinandersetzungen im Königshaus zu interpretieren, doch halten diese Theorien einer genauen Prüfung nicht stand. Es war offenbar schlicht das Bestreben fast eines jeden Königs, einen neuen Ort zur Errichtung seiner Grabanlage zu finden. Praktische wie ideelle Bezugspunkte bestimmten den Standort, und nicht selten wurden dabei ältere Grabanlagen einfach beseitigt oder überbaut, um dem neuen Monument Platz zu machen.

Die Geländegegebenheiten spielten dabei natürlich eine wichtige Rolle. Der Bauplatz sollte hoch gelegen sein, um Erhabenheit und Monumentalität der Bauwerke zu signalisieren. Zugleich durfte der Bauplatz nicht allzuweit vom Fruchtland entfernt sein, um günstigen Zugang für die Anlieferung von Bausteinen, Arbeitsmaterialien und Versorgungsgütern über den Fluß und über eigens angelegte Kanäle zu bieten. Ein fester Untergrund war ebenso Voraussetzung wie ausreichend anstehendes Gestein für die Errichtung des Kernmauerwerks.

Der Wunsch, bestimmte Sichtverbindungen zu markanten Punkten oder bereits stehenden Bauwerken an heiligen Orten herzustellen, wird die Platzwahl und die Ausrichtung des Baus weiter eingegrenzt haben: An klaren Tagen kann der heutige Betrachter mühelos erkennen, daß die meisten Pyramiden in Sichtverbindung zueinander stehen.

Einer der wichtigsten Bezugspunkte war die Ausrichtung nach dem alten Kultort Heliopolis (ägyptisch: *Iunu*) (nordöstlich von Kairo) am Ostufer (Abb. Karte), da sie bei vielen Pyramiden zu beobachten ist. Heliopolis war das alte Heiligtum des Sonnenkultes, wo zur Zeit des Alten Reiches pyramidenartige Steinfetische – sogenannte *ben-ben*-Steine – aufgestellt waren, die den Ort der verjüngt aufgehenden Sonne am Morgen markierten, während die Pyramidenanlagen und später, ab der 5. Dynastie (2504–2347 v. Chr.), auch die Sonnenheiligtümer den westlichen Untergangspunkt versinnbildlichten und dadurch den toten Herrscher in den fortwährenden Zyklus des Sonnenlaufs einbanden.

II. Vom Königsgrab zur «Bibel in Stein» – Die Entdeckung und Erforschung der Pyramiden

… es gibt kein Bauwerk unter dem Himmel, das an Vollendung den beiden Pyramiden Ägyptens gliche! Das sind Bauten, die sogar die Zeit fürchtet, und es fürchtet doch alles in der sichtbaren Welt die Zeit. Mein Auge erquickt sich an diesen einzigartigen Bauten, aber meine Gedanken quälten sich mit der Frage, was sie bedeuten sollen!

Mit diesen Worten rühmte der arabische Schriftsteller Umara el-Jamani im 12. Jahrhundert die Unvergänglichkeit und Größe der Grabmäler der Könige Cheops (2604–2554 v. Chr.) und Chephren (2572–2546 v. Chr.) in Giza. Zugleich warf er aber auch die Frage nach ihrer Funktion auf – eine Frage, die die Menschen bis zum heutigen Tag beschäftigt.

Als weithin sichtbare, wenn auch stumme Zeugen einer vergangenen Kultur erweckten diese Grabanlagen seit ihrer Entstehung freilich nicht nur staunendes Interesse. Sie zogen auch die

Neugier solcher Personen an, deren Absichten wenig pietätvoll waren: Die ersten, die sich für diese architektonischen Meisterleistungen des Altertums «interessierten», waren Grabräuber. Die zielgerichtete Führung der Grabräuberstollen in einigen Königsgräbern sowie schriftliche Zeugnisse lassen keinen Zweifel daran, daß die Pyramiden bereits von Zeitgenossen geplündert wurden.

Wahrscheinlich schon während der Ersten Zwischenzeit (2170–2025 v. Chr.) – also in der Epoche nach dem Ende der Pyramidenzeit, als die staatliche Ordnung zusammenbrach und das Land in kleine und untereinander verfeindete Fürstentümer zerfallen war – zogen die Pyramiden und auch die in der Nähe befindlichen großen Privatgräber die Plünderer an. Aus den Klagen eines Weisen ist unmißverständlich zu vernehmen, daß nach dem Ende des Alten Reiches Chaos und Anarchie das Land regierten; Gräber geschändet und Pyramiden beraubt wurden: *Wahrlich, die ein Grab hatten wirft man auf die Wüste, . . . sehet doch, der als Falke* (d. h. als König) *begraben war, ist herausgerissen, was die Pyramide* (einst) *verbarg* (d. h. die Bestattung in der Sargkammer), *ist* (heute) *leer* (nach: E. Hornung, *Gesänge vom Nil*, Zürich/München 1990).

Die Cheopspyramide ist ein markantes Beispiel: Unter Umgehung der Korridorblockierung trieben Grabräuber damals einen geraden Stollen durch das steinerne Mauerwerk der Pyramide bis zum ansteigenden Korridor, der zur Sargkammer führt. Offenbar besaßen die Räuber genaue Kenntnisse über den inneren Aufbau der Pyramide, und da auch die Archive der Tempel, in denen sich Aufzeichnungen über die Nekropolen, Pyramiden und großen Privatgräber befanden, zu jener Zeit geplündert wurden, ist anzunehmen, daß auch ein Teil der Totenpriester und des Tempelpersonals selbst ihre Hände in diesem schmutzigen Treiben hatten.

Dieser alte Grabräuberstollen in der Cheopspyramide wurde im 9. Jh. n. Chr. unter dem Abbasiden-Kalifen Mâmûn, dem Sohn Harun el-Raschids, wiederentdeckt und erweitert. Er dient auch heute noch den Touristen als Eingang in das Innere der Pyramide.

Doch nicht nur Grabräuber machten sich früh an den Pyramiden zu schaffen. Die von ihnen verursachten Schäden wurden erkannt und man bemühte sich, sie zu beheben: Ähnlich wie die Königsmumien des Neuen Reiches (1550–1070 v. Chr.) im Tal der Könige, dürften auch die Bestattungen der Könige des Alten Reiches schon während der Zeit des Neuen Reiches und auch in der Spätzeit (664–332 v. Chr.) restauriert und instandgesetzt worden sein.

So wurde die geschändete Bestattung des Königs Mykerinos (2539–2511 v. Chr.) vermutlich in der Ramessidenzeit (1292–1070 v. Chr.) in einen neu gefertigten Holzsarg gebettet. Dies legen uns zumindest einige Funde aus seiner Pyramide nahe, wo man Teile dieses Sarges im 19. Jahrhundert wiederentdeckte. Viele Königsgräber des Alten Reiches restaurierte auch Chaemwaset, ein Sohn Ramses' II. (1292–1186 v. Chr., 19. Dynastie). Das lesen wir auf den Inschriften, die er auf den Verkleidungen der instandgesetzten Pyramiden hinterlassen hat.

Doch diesen pietätvollen Maßnahmen dürfte keine nachhaltige Wirkung beschieden gewesen sein. Die restaurierten Bauwerke und Bestattungen scheinen vielmehr zu weiteren Plünderungen eingeladen zu haben. Das Protokoll eines Verhörs im 19. Regierungsjahr Ramses' IX. (1125–1107 v. Chr., 20. Dynastie) – die großen Bauwerke des Cheops und Chephren waren bereits 1500 Jahre alt – gewährt unverhüllte Einblicke in die damaligen Zustände. Die Grabräuber, die ein auf der Westseite von Theben gelegenes Königsgrab der 13. Dynastie aufgebrochen und geschändet hatten, wurden gefaßt und legten ein umfangreiches Geständnis ab: *Unserer Gewohnheit gemäß sind wir losgezogen, um in den Gräbern zu stehlen, und wir fanden die Pyramide des Königs Sechemre Schedtaui-Sobekemsaf ... Wir nahmen unsere Kupferwerkzeuge und brachen uns einen Weg in das Pyramidengrab dieses Königs, durch seinen tiefsten Teil. Wir gelangten zu ihren unterirdischen Kammern, und mit brennenden Fackeln stiegen wir hinab. Dann durchbrachen wir die am Eingang befindliche Blockierung und fanden diesen Gott im Inneren seiner Grabkammer liegen. Wir fanden auch die Grablege seiner Gemahlin, der Königin Nubchaes neben ihm ... Wir öffneten ihre*

Sarkophage und Särge, in denen sie lagen, und fanden die ehrwürdige Mumie dieses Königs, mit einem Sichelschwert ausgestattet. Zahlreiche Amulette und goldene Schmuckstücke waren an seinem Hals; seine Goldmaske lag auf ihm. Die ehrwürdige Mumie dieses Königs war vollkommen mit Gold bedeckt, seine Särge innen und außen mit Gold und Silber überzogen und mit zahlreichen Edelsteinen ausgelegt.

Das auf der ehrwürdigen Mumie dieses Königs gefundene Gold haben wir heruntergerissen ebenso wie das der Amulette und Schmuckstücke, die er am Hals trug, und das der Särge, in denen er ruhte. Die Königin fanden wir in genau derselben Weise ausgestattet und haben ebenfalls alles heruntergerissen, was wir auf ihr gefunden haben. Schließlich legten wir Feuer an die Särge. Wir haben ebenso die Ausstattung genommen, die sich bei ihnen in Gold, Silber und Bronze gefertigt befand, und haben sie unter uns aufgeteilt. Dann teilten wir das Gold, das wir bei diesen beiden Göttern fanden … in acht Teile. Jeder von uns erhielt 20 «deben» Gold (1,8 kg) …, was 160 «deben» (14,4 kg) ausmacht ohne die Ausstattung. Dann haben wir den Nil überquert und sind in die Stadt zurückgekehrt … (Übersetzung: E. Brunner-Traut, *Alltag unter Pharaonen. So lebten die Alten Ägypter*. Freiburg/Basel/Wien, 1998, 291 f.).

Wie mit den Grabräubern verfahren wurde, ist nicht überliefert, doch gab es – wie die archäologischen Befunde zeigen – genug andere, die rasch ihren Platz einnahmen und dem gleichen Handwerk gründlich und mit Erfolg nachgegangen sind.

Je mehr die Zeit voranschritt, desto stärker verdrängten Legenden und phantastische Geschichten die Kenntnis über die Pyramiden. Als Herodot (um 485–425 v. Chr.) um die Mitte des 5. Jh v. Chr. Ägypten bereiste, waren die großen Pyramiden bereits über 2000 Jahre alt. Der Bericht, den der Reisende aus Halikarnassos an der Westküste Kleinasiens über die Erbauer der Pyramiden liefert, verrät bereits das mangelnde Wissen, das auch spätere Generationen erkennen lassen, wenn sie versuchen, den Sinn dieser Bauwerke zu erklären. Immerhin wußte Herodot noch die Namen der einst Bestatteten korrekt anzugeben. Diese wurden allerdings aufgrund der Monumentalität ihrer Grabmäler als verhaßte Despoten gebrandmarkt, die das Volk brutal unterdrückt hätten. Cheops soll – so die Legende – in seiner Grausamkeit sogar die Tempel geschlossen und seine eigene Tochter zur Prostitution gezwungen haben, um sein Bauvorhaben zu «finanzieren». Die Prinzessin habe daraufhin den Entschluß gefaßt, von jedem Freier nicht nur die übliche «Bezahlung» – Geld gab es damals noch nicht –, sondern zusätzlich einen Steinblock einzufordern. Mit diesen Blöcken habe sie dann die mittlere der drei kleinen Pyramiden an der Ostseite der Cheopspyramide erbauen lassen.

Auf Diodor, den Geschichtsschreiber aus Sizilien (um 80–29 v. Chr.) geht schließlich jene abstruse Überlieferung zurück, die eine Fortsetzung der Herodotschen Despotengeschichte ist. Er behauptete, die altägyptischen Herrscher seien nicht in den von ihnen errichteten Anlagen, sondern an einem geheimen Ort beigesetzt worden, um dem Zorn und der Rache des ausgebeuteten Volkes zu entgehen. Trotz der zwingenden Gegenbeweise wird diese falsche Erklärung auch heute noch als Grundlage dafür genommen, in den Pyramiden alles andere als Grabmäler erkennen zu wollen.

Während der Antike dürften etliche der großen Pyramiden aufgebrochen und zugänglich gewesen sein, doch über Jahrhunderte angewehter Flugsand deckte ihre Eingänge zu und begrub damit zugleich die Kenntnis über die Bauwerke. Mit dem Ende der Antike verschwand der letzte Rest an historischem Wissen über das alte Nilland hinter einem Schleier des Geheimnisvollen und Mystischen.

Als im 4. Jh. n. Chr. auch die Kenntnis der Hieroglyphenschrift endgültig erloschen war, hatte man den letzten Schlüssel zum Verständnis der altägyptischen Kultur verloren. Das Christentum, ebenso wie später der Islam, trugen in ihrer ablehnenden und über weite Phasen bilderstürmenden Haltung gegenüber den heidnischen Götterkulten der alten Ägypter rasch zum völligen Vergessen bei. Lediglich die Schriften antiker Autoren – Herodot, Diodor, Plinius, Strabo u. a. – bewahrten Erzählenswertes, das jedoch, wie bereits angedeutet, selbst zum größten

Teil nur auf Hörensagen oder entstellten Überlieferungen be-
ruhte und mehr das Phantastische als präzise Informationen
hervorkehrte.

Doch die Pyramiden überdauerten in ihrer Erhabenheit unan-
gefochten als sichtbare Zeichen einer für die Nachwelt rätsel-
haften Kultur die Jahrtausende. Allen voran faszinierte die Pyramide des Cheops, doch der Name ihres Erbauers war im Mittelalter bereits vergessen. Gleichwohl wurde dieses Königsgrab
besucht und staunend beschrieben – und schließlich seiner
Kalksteinverkleidung beraubt. Doch seine Funktion als Königsgrab blieb unbekannt.

Arabische Schriftsteller, ebenso wie europäische Reisende –
meist Pilger, die es zu den biblischen Stätten des Alten Testa-
ments zog – hielten im Mittelalter ihre Überlegungen und Ein-
drücke gleichermaßen bewundernd wie falsch fest. Bibeltreue
Pilger wollten in den Bauwerken die Kornkammern erkennen,
die Joseph, der Sohn Jakobs, für Pharao errichten ließ, um
das Getreide der sieben fetten Jahre für Notzeiten zu horten
(1. Buch Mose, 41). Eine phantasievolle Darstellung solcher
Kornspeicher in Pyramidenform – stufenförmig und glatt verkleidet – ist in einem Mosaik des 12. Jahrhunderts im Markus-
dom in Venedig erhalten geblieben.

Die Vorstellung von den Pyramiden als Sinnbild der Knecht-
schaft seines Volkes basiert auf der Überlieferung des jüdischen
Historikers Josephus Flavius (37– um 100 n. Chr.): Bauwerke,
die einst das Volk Israel angeblich für Pharao im Frondienst zu
errichten gezwungen worden war.

Von solchen Vorstellungen war es dann nur ein kleiner Schritt
zu der Überzeugung, daß es sich bei den Bauwerken um gigantische Schatzkammern handeln müsse. So kursierten während
des Mittelalters Berichte über sagenhafte Schätze und bedeuten-
des Wissen, die im Pyramideninneren zu finden seien.

So ließ der bereits erwähnte Kalif Mâmûn bei seinem Besuch
in Ägypten 831 n. Chr. den alten Grabräuberstollen der Cheopspyramide ausräumen, um das Innere des Bauwerks zu erkun-
den. Außer ein paar Knochen, bei denen es sich sicher nicht um
die irdischen Reste des Erbauers handelte, fand er allerdings

nichts. Seine finanziellen Aufwendungen waren indes so gewaltig, daß er von weiteren «Nachforschungen» in den anderen Pyramiden Abstand nahm.

Der arabische Historiker Al-Makrizi (1364–1442) zitiert eine koptische Legende über die beiden großen Pyramiden in Giza, in der apokalyptische Endzeitvisionen und der Wunsch materielle Güter, aber auch den Wissensschatz zu bewahren, durchaus in der alttestamentlichen Überlieferung der Noah-Geschichte anklingen: *Die Ursache der Erbauung der beiden Pyramiden war, daß 300 Jahre vor der Sintflut König Saurîd folgenden Traum hatte: Die Erde kehrte sich mit ihren Bewohnern um, die Menschen flüchteten in blinder Hast, und die Sterne fielen herab und stießen unter grauenhaftem Krachen gegeneinander.*

Aufgeschreckt durch diesen Traum beruft Saurîd seine Weisen ein, die ihm den Traum deuten sollten. Diese eröffnen dem König, daß das Land zuerst von einer Sintflut und danach von einem gewaltigen Feuer vernichtet werden würde. *Da befahl Saurîd die Pyramiden zu bauen ...; füllte sie an mit Talismanen, Wundern, Schätzen, Götzenbildern ... [außerdem] wurden an den Pyramiden und an ihren Decken, Wänden und Säulen alle Geheimwissenschaften, die die Ägypter für sich in Anspruch nehmen, aufgezeichnet und die Bilder aller Gestirne aufgemalt, auch wurden die Namen der Heilmittel verzeichnet, sowie deren Nutzen und Schaden, dazu die Wissenschaft der Talismane, die der Arithmetik und der Geometrie und überhaupt ihre sämtliche Wissenschaften, deutbar für den, der ihre Schrift und ihre Sprache kennt.* (Übersetzung: E. Graefe, *Das Pyramidenkapitel in al-Makrizi's «Hitat»*, Leipzig 1911)

Dieser Bericht ist nicht nur spannend und überlieferungsgeschichtlich interessant. Er birgt vor allem den Keim vieler spekulativer Ansichten, die sich bis heute hartnäckig halten, daß die Pyramiden immer noch unentdeckte Kammern enthalten, gefüllt mit kuriosen Gegenständen, wie nicht rostenden Eisenwaffen oder biegbarem Glas, und kostbaren Schätzen.

Berichte, deren Verfasser den Sinn der Pyramide korrekt erfaßten und auch die Gründe für ihre Entstehung unter Berufung auf antike Autoren wiederzugeben wußten, blieben lange Zeit in

der Minderzahl. Erst ab dem 17. Jahrhundert begannen einzelne
Forscher sich wissenschaftlich fundiert mit den alten Bauwerken
zu befassen. So stellte der englische Astronom John Greaves
(1605–1652) nach einem gründlichen Quellenstudium entgegen
allen bis dahin vorgebrachten Deutungen erstmals die nüchterne
Behauptung auf, daß die Pyramiden einzig und allein zum
Zweck der Bestattung ägyptischer Könige erbaut worden waren.
Ausgerüstet mit den modernsten Instrumenten seiner Zeit, ver-
maß er präzise und beschrieb, was von der Cheopspyramide zu
sehen war. Obwohl zu jener Zeit die Basis der Pyramide von den
zahllosen Zerstörungen völlig mit Steinschutt und Sand verlegt
war, bemerkte er als erster das Basaltpflaster des Pyramidentempels an der Ostseite der Pyramide. In seiner *Pyramidographia or
a Description of the Pyramids in Egypt* (London 1646) publi-
zierte er zum ersten Mal einen maßstabgetreuen Aufriß des Pyramideninneren. Die Angaben und Beschreibungen zum Kammersystem waren – bedenkt man die technischen Möglichkeiten der
Zeit – erstaunlich genau und konnten etwas später von Benoit de
Maillet, dem von 1692 bis 1708 in Ägypten amtierenden französischen Generalkonsul, sogar noch präzisiert werden.

Das 18. Jahrhundert sah dann eine wachsende Zahl Reisen-
der, deren Ziel es war, genaue Aufzeichnungen, Kataloge und
Denkmalbeschreibungen der erhaltenen Altertümer in Ägypten
zu erstellen. Den Aufzeichnungen des Jesuiten Claude Sicard,
der von 1707 bis 1726 Ägypten bereiste, verdanken wir die Er-
fassung von zwanzig der größeren Pyramiden sowie zahlreicher
Tempelanlagen und Gräber, von denen etliche bis dahin noch
unentdeckt waren. Der Däne Frederick Norden (1708–1742),
den König Christian VI. zu einer Expedition ausgesandt hatte,
gelangte bis tief in den Sudan. Ausgebildet als Marinearchitekt
und zugleich ein begnadeter Zeichner, hielt er in seinen *Travels*
wichtige Details seiner Reise, die er 1738 unternahm, fest. Seine
Dokumentationen liefern heute noch wertvolle Aufschlüsse
zum damaligen Erhaltungszustand verschiedener Denkmäler.
Dem englischen Diplomaten Nathaniel Davison gelang es einige
Jahrzehnte später, 1765, als erstem Europäer, in die unterste der
fünf Entlastungskammern über der Sargkammer der Cheops-

pyramide vorzudringen, die seither seinen Namen trägt. Seine weiteren Forschungen in der Pyramide wurden jedoch von denselben Widrigkeiten behindert, die bereits seine Vorgänger immer wieder abgehalten hatten weiterzuarbeiten: Beißender Geruch von Fledermauskot, übelriechende Abfälle, Sauerstoffmangel sowie Sand und Geröllmassen in den schrägen Korridoren verhinderten die vollständige Erforschung des Gang- und Kammersystems der Cheopspyramide.

Einen entscheidenden Beitrag zur wissenschaftlichen Erforschung der Pyramiden leistete ein Unternehmen ganz anderer Art, gewissermaßen als «Nebeneffekt»: Napoleon Bonapartes «Ägyptisches Abenteuer», also sein zwischen 1798 und 1801 unternommener Versuch, Ägypten in Besitz zu nehmen, um die Route nach Indien über das Rote Meer kontrollieren zu können und dadurch Englands Vormacht auf See zu untergraben, dem die Engländer allerdings in der Schlacht vor Abukir ein rasches Ende bereiteten. Wenn auch politisch ein Fehlschlag, so war die französische Ägyptenexpedition in wissenschaftlicher Hinsicht ein gigantischer Erfolg und gilt als der Beginn der ernsthaften Erforschung der altägyptischen Kultur. Denn der französischen Streitmacht folgte ein Troß von 150 der besten Wissenschaftler Frankreichs – Philologen, Naturwissenschaftler, Kartographen, Geodäten und Zeichner – die das Land erforschen und dokumentieren sollten. Die Auswertung der zusammengetragenen Erkenntnisse über das alte und moderne Ägypten erschien in der monumentalen Foliantenreihe der *Description de l'Égypte* (1809–1822), worin auch den Pyramiden gebührender Raum zugemessen wurde. Bei all den exakten Vermessungen und detaillierten Beschreibungen kam auch diese Publikation nicht ohne die für die Forschung so verhängnisvollen Spekulationen aus: Die große Pyramide sei keinesfalls nur ein Königsgrab gewesen. In der perfekten Architektur, dem vollendeten Maß- und Proportionssystem des Bauwerks offenbare sich ein zu Stein gewordenes Urmodell der Mathematik und Astronomie – ein Metronom der exakten Wissenschaften. Darüber hinaus habe es als Kultbühne für geheime Initiationsriten und die Einführung in alte Mysterienweisheiten gedient. Diese Darstellung war, wie gesagt, für das

19. Jahrhundert folgenreich, denn in dem Maße, wie die wissenschaftliche Beschäftigung mit den Pyramiden zunahm, wuchsen nun auch die absurden Deutungen ins Unermeßliche.

Dennoch entstanden Arbeiten und Aufzeichnungen wie die des englischen Offiziers Howard Vyse (1784–1853), des Ingenieurs John Perring (1831–1869) oder des italienischen Abenteurers Giovanni Battista Belzoni (1778–1823), die wesentlich zur Erkundung der großen Pyramiden beitrugen, auch wenn man damals bei der Wahl «wissenschaftlicher» Methoden der Erforschung oft allzu sorglos war. Gehörten doch neben Maßband, Papier und Bleistift auch Schießpulver und Brechstangen zum gängigen Ausrüstungsinventar der Pyramidenforscher.

Eine ganz neue These stellte schließlich John Taylor in seinem 1859 publizierten Werk *The Great Pyramid: Why Was It Built and Who Built It?* auf: Die alten Ägypter seien gar nicht in der Lage gewesen, derartige Bauwerke zu errichten. Vielmehr waren die Architekten dieses Weltwunders seiner Überzeugung nach einst direkt von Gott berufen und inspiriert worden. Taylor leitete damit die biblisch motivierte Pyramidenforschung ein. Die theosophische Pyramidologie fand im Astronomen Piazzi Smyth (1819–1900) einen engagierten Verfechter. In mehrbändigen Ausgaben veröffentlichte er seine Erkenntnisse und Messungen, die zwar mathematisch exakt, aber einzig darauf ausgelegt waren, in der Großen Pyramide eine Art «Bibel in Stein» nachzuweisen. In dem Bauwerk, so Smyth, sei nicht nur das gesamte mathematische, geographische und astronomische Wissen des Altertums in Stein gefaßt und kodifiziert, man könne aus den festgestellten Maßen und Längenverhältnissen auch direkt das Wirken Gottes herauslesen und daraus Vorhersagen aller großen Weltereignisse der Menschheitsgeschichte ableiten.

Die Liste derartiger «Forschungsleistungen» ließe sich angesichts der Vielfalt menschlicher Phantasie bis in unsere Gegenwart endlos fortführen. So konstatierte der britische Archäologe Sir Flinders Petrie (1853–1942), der als Begründer der seriösen Archäologie in Ägypten gilt, in seinem 1883 publizierten und bis heute großteils gültigen Werk *The Pyramids and Temples of Gizeh* angesichts der Unsinnigkeiten der damaligen Pyramidologen

resigniert, daß es zwecklos scheine, Befunde und Forschungsergebnisse wahrheitsgetreu zu dokumentieren, denn jenen Eife-
rern seien Theorien wichtiger als die nüchterne Wirklichkeit.

Wenn auch im 20. Jahrhundert die biblisch-religiös motivierte
Deutung der Pyramiden immer mehr in den Hintergrund trat, so
doch nur, um neuen, nicht minder absurden Erklärungen Platz
zu machen. Konnte man die Entstehung der Bauwerke schon
nicht recht fassen und wollte man sich mit der einfachen Erklärung ihrer Existenz als Königsgräber nicht zufriedengeben, so
mußten neue Spekulationen die alte Frage nach Sinn und Zweck
der Pyramiden beleben. Eine originelle und schon im 19. Jahrhundert oft gehörte Erklärung lautete, die Pyramiden seien als
eine Art Windbrecher errichtet worden, um die jährlich heranfe-
genden Sandstürme zu stoppen oder zumindest deren Wucht zu
mindern und dadurch die Einwohner der Hauptstadt Memphis
zu schützen. Großen Wiederhall fand jahrzehntelang die me-
dienwirksame Idee, die ägyptischen wie auch die südamerikani-
schen Pyramiden als Landemarken oder Erkennungspunkte
einer außerirdischen Intelligenz zu interpretieren. Das alte Ägypten wurde dabei in pseudowissenschaftlicher Manier lediglich
als Vorlage mißbraucht.

Einer jüngeren Theorie zufolge soll die Große Pyramide mit
ihren gewaltigen glatten Flächen gar als Verdunstungsanlage für
das Wasser gedient haben, das über die sogenannten Luft-
schächte aus dem Inneren des Bauwerks hinaufgepumpt worden sei. Dieses System hätte das Klima im Niltal nachhaltig beeinflußt und zu den ersehnten Regenfällen für die Landwirt-
schaft geführt. Eine ähnliche Deutung will in den Pyramiden ge-
waltige Wasserdestillationsanlagen – sozusagen Wasserfilter –
für die Bevölkerung erkennen.

Theorien dieser Art offenbaren in erster Linie die völlige Un-
wissenheit über die altägyptische Kultur und geben eher ein
bizarres Zeugnis unseres technischen Fortschrittglaubens.
Ägypten war – wie dies bereits Herodot im 5. Jh. v. Chr. treffend
formulierte – ein «Geschenk» des Nils. Der Fluß brachte alljährlich das ersehnte und dringend benötigte Wasser für
Mensch und Tier und für die Bestellung der Felder. Regenfälle

hingegen schätzten die alten Ägypter keineswegs, denn da die
Städte, Wohnhäuser und sogar die königlichen Paläste – ebenso
wie die meisten Grabanlagen – aus luftgetrockneten Lehmziegeln erbaut waren, bedeutete jeder heftige Regen zugleich auch
Zerstörung und damit die Notwendigkeit anschließender Aus-
besserungsarbeiten und mühsamer Instandsetzungen.

Florierender Medienrummel gepaart mit konsumorientierten
Zielsetzungen sind an seriöser Wissensvermittlung und fundier-
ten Forschungsergebnissen wenig interessiert – sie sind zu sehr
den Gesetzen des Marktes unterworfen. Auch der Umgang mit
dem Thema «Pyramiden» bildet dabei keine Ausnahme, sondern folgt dem menschlichen Prinzip, daß die Welt betrogen
werden will. Doch um wieviel aufregender ist gerade in diesem
Fall die historische Wahrheit! Weil sie sich ihrer Vergänglichkeit
in dieser Welt bewußt waren, waren die alten Ägypter zu Leistungen fähig, deren Verständnis sich unserem abendländischen
Denkmuster nicht leicht erschließt. Zu groß ist die zeitliche
Distanz zu den Erbauern jener Pyramiden, zu groß sind die
Unterschiede in der Einstellung zum Leben, zu verschieden die
Haltung zu Tod und Jenseits.
     Die Pyramiden werden auch in Zukunft nichts von ihrer Fas-
zination einbüßen, die um so größer wird, je mehr wir diese Bauwerke begreifen – und diesem Ziel dienen die folgenden Seiten.

III. Die Pyramidenanlagen – Tore zur Ewigkeit

Wenden wir uns zuerst der Funktion der Pyramiden zu, die als
Königsgräber das Zentrum der Pyramidenanlagen bildeten.
     War der König mit allen notwendigen Riten in seiner Bestat-
tungskammer beigesetzt, die Pyramide verschlossen und die
letzten Spuren der Bautätigkeit beseitigt, so begann der steinerne Pyramidenkomplex «aktiv» zu werden. Die Pyramide
wirkte mit der Kultanlage als magische Einrichtung zur Vergött-

lichung des Herrschers und zur Sicherung seiner jenseitigen Existenz. Damit diese Maschinerie der magischen Transformation auch wirken konnte, mußte sie in Betrieb gehalten werden und benötigte einen Stab von Priestern, Tempeldienern und Schreibern, ebenso wie Musikanten, Handwerkern und Bauern. Eine eigene Institution verwaltete Felder, Dörfer und Werkstätten, welche die Heiligtümer mit Nahrungsmitteln und Ausstattung versorgten. Auch die Sonnenheiligtümer besaßen eigene Domänen und belieferten Pyramidentempel. Die königliche Residenz, der Palast sowie Götterheiligtümer waren ebenfalls in dieses wirtschaftliche Netz der Güterverteilung an die Königsgräber eingebunden.

Für die Vorgänge in den Pyramidentempeln liefern uns die zahllosen Papyri des «Abusirarchivs» wertvolle Aufschlüsse. Unter dieser Bezeichnung wird ein Konvolut von Papyrusfragmenten zusammengefaßt, das neben den Pyramidentexten zu den bedeutendsten schriftlichen Zeugnissen jener Epoche zählt. Abgefaßt in althieratischer Schrift mit vorwiegend administrativem Charakter, zählt dieses Archiv zu den ältesten seiner Art. Die Eintragungen gewähren einen unmittelbaren und unverfälschten Einblick in die Verwaltung und zeugen von der Sorgfalt, mit der die Schreiber die Vorgänge in den Pyramidentempeln festhielten. Die ersten derartigen Papyri wurden gegen Ende des 19. Jahrhunderts von Einheimischen in den Ruinen des Pyramidentempels des Königs Neferirkare (2483–2463 v. Chr.) entdeckt, gerieten dann rasch auf den Antikenmarkt und befinden sich heute in verschiedenen Museen (Kairo, London, Berlin und Paris). Die Mehrzahl der Fragmente datieren in die Zeit des Königs Djedkare-Isesi (2405–2367 v. Chr.), also einem Nachfolger der Abusir-Könige. Mittlerweile hat das tschechische Grabungsteam in Abusir zwei weitere Archive dieser Art entdeckt, eines davon wurde im Pyramidentempel der Königsmutter Chentkaus II., das zweite und umfangreichere im Pyramidentempel des Königs Neferefre.

Dokumentiert sind verschiedene Bereiche des Tempelbetriebs: Dienstpläne halten die Einteilung der Priester für die verschiedenen Zeremonien, Riten und Feste zur Tages- wie zur Nachtzeit fest, ebenso den rituellen Wach- und Beobachtungsdienst im Tempel. Inventarlisten verzeichnen die Tempelausstattung vom einfachsten Gegenstand bis zu Truhen mit wertvollem Inhalt. Eine dritte Gruppe an Dokumenten gibt Auskunft über den Haushalt im Tempelbetrieb. Die an den Tempel gelieferten Produkte und Materialien wurden peinlich genau erfaßt und ihre Verwendung oder die Lagerung vermerkt. Andere Papyri enthalten Inspektionsvermerke, die bei routinemäßigen Kontrollgängen Schäden und Beanstandungen dokumentierten. Diese Eintragungen liefern den Archäologen wichtige Hinweise zur Architektur eines Pyramidentempels, da die einzelnen Tempelteile und deren Einrichtungen angesprochen werden. Neben Gebäuden, die bereits identifiziert werden konnten, sind auch solche erwähnt, die noch auf ihre Entdeckung warten. Die Dokumente nennen außer der Anlage des Neferirkare auch die Pyramidenanlage der Königsmutter Chentkaus II., die des Raneferef sowie ein von den Archäologen bereits entdecktes Schlachthaus mit dem Namen «Messer-Heiligtum».

Der Schwerpunkt des Tempelbetriebs lag auf der Einhaltung und Durchführung des Kultablaufs. Aus den Pyramidentexten erfahren wir, daß der König täglich fünf Mahlzeiten – drei im Jenseits, zwei auf Erden – zu sich nahm. Für letztere waren die diensthabenden Priester verantwortlich, die je nach Funktion, ähnlich den Arbeitermannschaften in fünf Phylen (griech.: Abteilungen) hierarchisch gegliedert waren. Jede Phyle setzte sich aus zwei Untergruppen zusammen, die nach einem geregelten System alle zwei Monate wechselten. 250 bis 300 Personen waren zugleich an einer Pyramide beschäftigt. Jeder einzelnen Phyle stand ein *Sehedj* («Aufseher») vor. *Hem-netjer*-Priester («Gottesdiener») waren für die Ausführung des Kultes für Götter, Könige und Königsmütter zuständig. Königinnen und auch Privatleute wurden hingegen von *Hemu-ka*-Priestern («Ka-Dienern») versorgt. Die hierarchisch höher gestellten *Cheri-hebet*-Priester («Ritual-» oder «Vorlesepriester») bildeten eine elitäre Klasse im Tempeldienst. Sie mußten keine wirtschaftlichen Aufgaben oder Wachdienste verrichten, sondern hatten sich nur um den Ablauf und die Einhaltung der Rituale zu kümmern. Diese wie auch die «Gottesdiener» wurden von den *Wab*-Priestern

(«Reinen») unterstützt, die niedere Dienste zu verrichten hatten. *Wab*-Priester konnten jedoch aufsteigen und zu *Hem-net-jer*-Priestern einer Pyramide werden.

Eine wichtige und große Gruppe, die in der Phyle organisiert war, bildeten die *Chenti-sche*-Angestellten («Pachtbauern»). Sie waren die rangunterste Gruppe und verrichteten vorwiegend praktische Tätigkeiten. Die Bestellung der Felder unterlag ebenso ihrer Verantwortung wie der Transport von Gütern; sie sicherten also die Versorgung. Auch für den Wachdienst wurden sie herangezogen. Dafür durften sie auch an den Zeremonien teilnehmen.

Der Dienst im Tempel sah folgendermaßen aus: Morgens und abends öffneten Priester die Türen der Statuenkapellen, entkleideten und reinigten jede einzelne Statue, zogen sie wieder an, salbten und weihräucherten sie, während ein Vorlesepriester die magischen Sprüche rezitierte. Nach Beendigung des Rituals besprengte ein Priester den Raum mit Wasser, um magisch alle irdischen Spuren zu verwischen, damit der Ort, an dem die Bildnisse des Königs «lebten», in reinem Zustand hinterlassen wurde. Ein ähnlicher Vorgang wiederholte sich im Totenopfersaal, wo der Herrscher zweimal täglich rituell gespeist wurde. Auch die Pyramide empfing einen eigenen Kult. Morgens und abends gingen Priester um das Bauwerk herum und reinigten es symbolisch, indem sie es mit Wasser besprengten.

Nach Beendigung der Zeremonien wurden die Kultgeräte und was an Salbölen und Weihrauch übriggeblieben war wieder in ihre Behälter gelegt und diese versiegelt. Die verzehrbaren Opfergaben wurden den Priestern und dem angestellten Tempelpersonal als Tagesration zugeteilt.

Das täglich durchzuführende Verehrungs- und Speisungsritual im Pyramidentempel wurde im Laufe eines Jahres von besonderen mehrtägigen Festveranstaltungen unterbrochen. Götterfeste, die im ganzen Land begangen wurden, waren wichtige Ereignisse in den Pyramidentempeln. Wirtschaftsvermerke belegen, daß an länger andauernden Festveranstaltungen täglich bis zu dreizehn Stiere geschlachtet und dem König geopfert wurden. Nach Beendigung der Feiern kamen diese gewaltigen Nahrungsrationen wiederum den diensthabenden Priestern und dem Tempelpersonal zugute.

Das Fest des Sonnengottes Re fiel auf den 21. Tag des 4. Monats der Erntezeit. In der Nacht davor wachten alle Priester und brachten unter Führung des Vorlesepriesters dem Sonnengott ein Opfer dar. Vor Sonnenaufgang beschloß eine feierliche Prozession zum nahegelegenen Sonnenheiligtum die Zeremonie. Das Fest zu Ehren des Nekropolengottes Sokar fand, ebenso wie das Fest für die Göttin Hathor, nur einmal im Jahr statt, wurde dafür aber umso ausgiebiger begangen. In feierlicher Prozession besuchten die Gottheiten zu Schiff die einzelnen Pyramidenanlagen; am Taltempel wurden sie vom jeweiligen «Hausherrn», dem verstorbenen König, in Form von Statuen symbolisch empfangen, wobei auch die Rituale zelebriert wurden. Eines der bedeutendsten Feste war das der Götterinsignien, die den Kronengottheiten Nechbet (Geier) und Wadjet (Kobra), der Skorpions-Göttin Selket und anderen numinosen Mächten galt. An all diesen Festveranstaltungen hatte auch die Bevölkerung regen Anteil, durfte aber die Tempelräume im Pyramidenkomplex nicht betreten.

Der Priesterklasse anzugehören, garantierte neben der täglichen Verpflegung durch die anfallenden Opferanteile auch besondere Vergütungen und einen besseren Lebensstandard. Das Priesteramt konnte vererbt oder übertragen werden. Bis zur 5. Dynastie war der Priestertitel direkt mit dem Herrschernamen verbunden, um die persönliche Bindung zu unterstreichen. Später wurde der Titel mit dem Namen des Pyramidenbezirks verbunden, der dadurch als eigenständige Institution ausgewiesen wurde. Da hochrangige Priester, wie etwa die *Hem-netjer*-Priester, mehreren Pyramidentempeln und Sonnenheiligtümern zugehörig waren, konnten sie verständlicherweise nicht an allen Einrichtungen gleichzeitig wirken und wurden bei Bedarf von rangniedrigeren Priestern vertreten.

Königliche Dekrete enthoben Priester und Tempelpersonal von Pflichten, wie Kanal- und Militärdienst oder sicherten ihnen Steuerfreiheit zu. Priester und Tempelpersonal wohnten mit ihren Familien in unmittelbarer Nähe der Pyramidenanlagen in staatlichen Ansiedlungen, den Pyramidenstädten. Diese Städte wurden mit der Entstehung der Pyramidennekropole angelegt und sind nicht mit den Arbeitersiedlungen der Bautrupps einer Pyramide zu verwechseln, die meist in der Wüste lagen und nach Beendigung der Arbeit aufgelöst wurden. Viele Pyramidenstädte entwickelten sich zu blühenden Siedlungen, die bis ans Ende des Alten Reiches funktionierten.

Neben den Priestern, die sich vorwiegend um den Kult des Herrschers kümmerten, waren zahlreiche andere Personen mit «profanen» Berufen am Funktionieren der Pyramidenanlage beteiligt, ohne daß in allen Fällen bekannt ist, welche konkrete Aufgabe der einen oder anderen Person in diesem komplexen System zufiel. Eindeutiger steht es mit den bereits angesprochenen Berufsgruppen wie Schlachtern, Bierbrauern, Friseuren, Manikürn, Ärzten, Musikern, Sängern und Tänzern, Türstehern, Dienern und Boten. Auch hohe Beamte wie der Wesir, Richter, Schreiber, Speicherverwalter, Vorsteher von Webereien, sogar Truppenbefehlshaber waren in diese königliche Institution für das Jenseits eingebunden.

Welchen Zweck erfüllte die eindrucksvolle Architektur einer Pyramidenanlage und wozu dienten die vielen Darstellungen, Inschriften und Statuen in den Tempeln, die nur von einer Minderheit gesehen werden konnten?

Da kein vollständiges Bildprogramm eines Pyramidentempels erhalten ist, «puzzeln» die Ägyptologen aus den erhaltenen Relieffragmenten verschiedener Anlagen eine möglichst schlüssige Folge zusammen, um ein einigermaßen verständlich erscheinendes Bild der Wanddekorationen zu rekonstruieren. Dabei ist immer zu bedenken, daß im Laufe der Zeit natürlich Änderungen im Bildrepertoir auftraten, die sich aufgrund des fragmentarischen Erhaltungszustandes jedoch nur selten fassen lassen. Die umfassende Deutung der Funktion einer Pyramidenanlage, die allen Aspekten gerecht wird, ist daher nicht möglich. Doch läßt sich zumindest mit Bestimmtheit sagen, daß die Tempel keine Bühnen zur Abhaltung des königlichen Bestattungsrituales waren. Bestattungszeremonien wurden nicht dargestellt, da die Beisetzung des Königs ein nebensächlicher und temporärer Akt war, der weder nachvollzogen, noch für die Ewigkeit festgehalten werden mußte. Auch die Tempelarchitektur deutet darauf hin, daß der Totenkondukt nicht durch die Tempelanlage gezogen sein dürfte, um den Pyramideneingang zu erreichen, sondern über einen Nebeneingang in den Bezirk einzog. Angesichts der Enge in den Korridoren oder der hochgelegenen Pyramideneingänge der frühen 4. Dynastie wird man sich ohnehin fragen, wieweit der Akt der Beisetzung ein feierlicher und allseits beobachteter Vorgang gewesen ist. Die eigentliche Einbringung der Mumie in die Pyramide und die Verschließung des Sarkophags wurden sicher nur von einigen ausgewählten Priestern und Gehilfen ausgeführt.

Bei Betrachtung des Bildprogramms der Tempelanlagen begegnen einerseits Themen wie Schlachtungsszenen, Opfer- und Gabenträger und endlos scheinende Prozessionen von Beamten usw., die in vielen Räumen wiederkehren, andererseits trifft man aber auch auf Darstellungen, die einmalig sind und an einen bestimmten Ort im Tempel gebunden waren. Der Wissenschaft ist seit längerem bekannt, daß Raumarchitektur und Bildinhalte der Wandreliefs in enger, wenn auch für uns in nicht immer verständlicher Weise in Verbindung standen. Das heißt aber nicht, daß die an einer bestimmten Wand abgebildeten Szenen auch tatsächlich in diesem Raum stattfanden. Es ist völlig ausgeschlossen, daß die zahllosen Abbildungen von herangebrachten Opfertieren oder die Schlachtung von Rindern als Hinweis anzusehen sind, daß derartige Vorgänge tatsächlich in diesen Tempelräumen stattfanden. Auch wenn in verschiedenen Räumen Opferspeisen für die Zeremonien hergerichtet und rituell gereinigt wurden, so kann der tatsächliche Schlachtungsvorgang aufgrund fehlender Installationen unmöglich im Tempel selbst stattgefunden haben. Zudem wissen wir aus den Verwaltungsdokumenten des «Abusirarchivs», daß die Schlachtungen außerhalb der Tempel in eigenen Einrichtungen stattfanden, wie dem bereits erwähnten «Messer-Heiligtum» (S. 28).

Die Wandszenen erzählen auch keine konsequente Handlung, sie geben keine biographischen Episoden aus dem Leben des Herrschers wieder, sondern «beleben» bestimmte wichtige Vorgänge im Zusammenwirken mit der speziellen Bauform des Raumes, die für die Erhaltung der Königsmacht im Jenseits von Bedeutung sind. Die Architektur des Tempels, das Bildprogramm sowie die Inschriften sollten auf magische Weise durch ihre bloße Existenz wirken. Dies trifft in ähnlicher Weise auch auf die Pyramidentexte in den unterirdischen Kammern zu, die aufgrund ihrer Unzugänglichkeit ausschließlich der magischen Nutzung durch den verstorbenen König dienten. Ihre bloße Existenz garantierte schon die Vorgänge, die sie beschrieben.

Ähnlich verhielt es sich mit den in den Tempeln aufgestellten Statuen aus Metall, Stein und Holz. Einige Räume mußten einst ein beeindruckend «bevölkertes» Bild geboten haben. Etliche Statuen waren direkte Kultempfänger, an denen die Priester den bereits beschriebenen täglichen Kultdienst verrichteten. Andere entfalteten durch ihre bloße Aufstellung an einem bestimmten Platz im Zusammenwirken mit dem Raum- und Bildprogramm ihre Wirkung. Zu letzteren zählen die vielen Gefangenenfiguren aus Stein und Holz, die ab der Mitte der 5. Dynastie nachgewiesen sind. Kniend und mit auf dem Rükken gefesselten Händen repräsentierten sie die unterworfenen Feinde Ägyptens. In apotropäischer Weise sollte dadurch die vom König bezwungene und damit auch geordnete Welt für alle Zeit festgehalten werden. Schon im Taltempel war der König als Überwinder feindlicher und chaotischer Mächte dargestellt. Ergänzt wurden die Szenen wiederum von rundplastischen Figuren gefesselter Asiaten, Lybier und Nubier, den traditionellen Feinden Ägyptens. Am Beginn des Aufwegs wiederholte sich derselbe Topos in abgewandelter Form: Der König, in Gestalt eines Greifs oder als Sphinx dargestellt, zermalmt die Feinde unter seinen Pranken. Nicht zur Abschreckung unbefugter Eindringlinge wurden diese Darstellungen angebracht; die Repräsentation der Ereignisse im Bild beschwor und garantierte die ägyptische Weltordnung.

Reliefs im Eingangssaal, dem *per-weru* («Haus der Großen»; Abb. 8) zeigen den Empfang des Königs durch die *weru*, die «Großen» des Landes und die Götter. Wandszenen dienten wiederum der Bestätigung seiner Macht, indem sie den Herr-

scher als Bändiger der Natur bei der Jagd und Gefangennahme
eines Nilpferdes zeigen. Im Säulenhof hielten Reliefdarstellungen an der Nordwand Siege des Königs über Asiaten und an der
Südwand Siege über libysche Stämme fest. Die Familienmitglieder des unterworfenen libyschen Fürsten erheben flehentlich
ihre Arme vor dem siegreichen Herrscher. Diese eindringliche
Szene, die uns aus dem Pyramidentempel des Königs Pepis II.
(2347–2218, 6. Dynastie) erhalten geblieben ist, muß eine derartig machtgeladene Kraft besessen haben, daß noch 1700 Jahre
später König Taharka (690–664 v. Chr., 25. Dynastie) diese Un-
terwerfungsszene in seinem Tempel in Kawa (Nubien) fast exakt
kopieren ließ. Es muß daher bezweifelt werden, daß derartigen
Darstellungen in den Tempeln tatsächlich reale historische Ereignisse vorausgegangen waren. Die Bilder zeigten mehrheitlich
Topoi, die durch ihren Inhalt eine idealisierte und magisch be-
schworene Welt entstehen lassen sollten, die mit den realen Vor-
gängen oft nichts zu tun hatten.

Doch gab es offenbar auch Darstellungen, die einen direkten
realen Bezug nicht von vornherein ausschließen. So hatte König
Sahure (2496–2483 v. Chr., 5. Dynastie) in seinem Aufweg den
Transport der Pyramidenspitze abbilden lassen, und der letzte
Herrscher dieser Dynastie, König Unas (2367–2347 v. Chr.), ließ
in seinem Aufweg den Transport von Granitsäulen aus Elephantine darstellen, die in seinem Pyramidentempel aufgestellt wurden. Wie fragmentarisch unsere Kenntnisse zum Bildprogramm
allerdings nach wie vor sind, belegt eine jahrelang für historisch
authentisch gehaltene Szene am Aufweg desselben Tempels, die
ausgehungerte und bis auf die Knochen abgemagerte Beduinen
darstellt. Das Bild schien zu dokumentieren, daß gegen Ende
der 5. Dynastie eine Klimaveränderung die Lebensbedingungen
in der Wüste erschwerte. Vor kurzem erst wurden beim Aufweg
des Königs Sahure in Abusir frappant ähnliche Darstellungen
ausgehungerter Beduinen gefunden, so daß der genuin historische Aspekt dieser Darstellung fragwürdig wird. Im Laufe der
Geschichte sind wohl immer wieder Nomadenvölker auf Nah-
rungssuche ins Niltal gekommen, so daß Abbildungen dieser
Art, ebenso wie die Darstellung von Kämpfen mit Ausländern,

zum festen Bildrepertoire eines Tempels ohne tatsächlichen historischen Bezug gehörten.

Geschichtlich relevant sind hingegen nachträglich geänderte Reliefdarstellungen von Prozessionen des Königshofes, die sich ebenfalls im Tempel des Sahure erhalten haben. In diesen Szenen ist sein Nachfolger, König Neferirkare (2483–2463 v. Chr.), in der Reihe der Prinzen bereits als Herrscher abgebildet, der sich nach seiner Thronbesteigung mit sekundär hinzugefügter Königskartusche, Königsbart und Königskobra auf der Stirn unter Sahures Königssöhnen verewigen ließ. Diese Änderung im Bildprogramm gewährt einen wichtigen Einblick in die offenbar nicht ganz reibungslos verlaufene Thronfolge jener Zeit. Sahure und Neferirkare waren vermutlich Brüder, und letzterer dürfte unter Umgehung der Primogenitur seines Vorgängers den Thron bestiegen haben.

An zahllosen Stellen der Tempelwände stößt man aber auch auf Szenen, die den König im Umgang mit verschiedenen Gottheiten verewigen. Die Portikuswände der Taltempel zeigen die Löwengöttin Sachmet, die den König säugt. Schon an den beiden Eingängen in den Taltempel des Chephren (4. Dynastie), der völlig bilderlos geblieben war, wurde der Herrscher in gleichlautenden Türinschriften einmal als «geliebt von Hathor» (Südeingang) und dann als «geliebt von Bastet» (Nordeingang) bezeichnet. Texte und Darstellung sollten beim Eintritt in den Tempel die Aufnahme des Königs in die Götterwelt anzeigen: Er stammte von den Göttern und kehrte zu diesen wieder zurück. Die Säugungsszene wiederholt sich im Treppenaufgang vom Verehrungstempel in den Totenopfertrakt der Pyramidentempel der 5. und 6. Dynastie. Die Nord- und Südwand des Treppenaufgangs zeigen den König, der im Beisein anderer Götter von zwei weiteren Göttinnen – der Löwengöttin Sachmet und der Kobragottheit Wadjet – gesäugt wird. An dieser Stelle der Tempelanlage hatte der König rituell eine weitere Passage durchschritten und nähert sich nun dem intimen Teil des Tempels.

Im Kapellenraum, dem Endpunkt des Verehrungstempels, standen fünf Königsstatuen, die den Herrscher in verschiedenen Erscheinungsformen darstellten. Keine dieser Statuen ist erhal-

ten geblieben, doch die Eintragungen im «Abusirarchiv» erwähnen, daß der König in der mittleren Kapelle als Osiris und
in den beiden äußeren Kapellen als Herrscher Unter- bzw. Oberägyptens dargestellt war. Welcher Gestalt die Statuen der beiden
mittleren Kapellen waren, ist unbekannt.

Zwischen Kapellenraum und Totenopferraum lagen zwei
weitere Räume, die den Königskult und die Unterwerfung
feindlicher Mächte hervorhoben. Im ersten Raum dominierten
wieder Szenen der Feindvernichtung – an der Südwand er-
schlägt der König mit einer Keule die am Schopf gepackten
Fremdvölker, während er an der Nordwand eine Antilope
niederschlägt: Natur und Fremdvölker wurden erneut dem
ägyptischen Königtum unterworfen. Der darauffolgende Raum,
der einen quadratischen Grundriß sowie eine steinerne Mittelstütze besaß und die Bezeichnung *antichambre carrée* (ab König
Niuserre, 5. Dynastie, im Baubefund nachweisbar) trägt, zeigte
Ausschnitte aus dem *Hebsed*-Fest, bei dem der König die Lan-
desheiligtümer und verschiedene Götterkapellen besuchte. Das
Hebsed war ein zentraler, aber ausschließlich auf den König be-
zogener Ritus der Herrschafts- und Krafterneuerung. Im Idealfall wurde es im 30. Jahr der Thronbesteigung zum ersten Mal
vollzogen. Im Jenseits sollte der verstorbene Herrscher idealer-
weise unendlich viele *Hebsed*-Feste feiern.

War der König bisher in allen Tempeldarstellungen als der aktiv Handelnde gezeigt, so änderte sich dies in den Darstellungen
des Totenopferraumes, dem Speisesaal des toten Herrschers. In
diesem Raum, der die Bezeichnung *seh-netjer* («Gotteszelt»)
trägt, wird er zum passiven Kultempfänger. Alle Szenen sind auf
seine Person bzw. auf die personifizierte Darstellung seines Ka,
seiner Seele, ausgerichtet. Die Götter, die den König bisher in fast
allen Räumen begleiteten und mit ihm in direktem Kontakt standen, sind verschwunden. In diesem Raum, dem Herzstück des
Pyramidentempels, war (abgesehen von den Opferträgern und
Schlachtern, die als Statisten die Wandflächen bevölkerten) der
Herrscher «allein» und gottgleich. Die Nord- und Südwände zeigen ihn vor dem Gabentisch sitzend, wie er die von zahllosen
Opferträgern herangebrachten Opfergaben des Landes emp-

fängt. An der Ostwand werden wieder Rinder geschlachtet und
verschiedene Opfergaben abgebildet. Die Westwand des Raumes, die aufgrund ihrer Position mit dem unmittelbar dahinter
liegenden Pyramidenmassiv verbunden war (Abb. 8), wurde von
der Fassade einer Götterkapelle mit unbetretbarem Durchgang –
einer Scheintür – eingenommen. In dieser imaginären Kapelle
dachte man sich den Aufenthaltsort des toten Königs, der nur zu
den täglichen Speisungen und Riten «in Erscheinung» trat. Eine
Königsstatue, vor der Kapellenfassade aufgestellt, versinnbildlichte seine permanente Gegenwart.

Die Pyramidentempel bildeten also den notwendigen Rahmen
zur Erhaltung der ewigen Herrschaft des verstorbenen Königs.
Die von den Priestern durchgeführten Riten verliefen jedoch,
durch hohe Tempelmauern von der Außenwelt abgeschirmt,
unsichtbar. Weithin erkennbare Manifestation der ewigen und
gegenwärtigen Präsenz der Königsmacht war hingegen sein
Grabmonument, die Pyramide. Sie war steinernes Gehäuse der
Bestattung und zugleich Symbol der unvergänglichen Herr-
schaftsmacht. Ihrer Errichtung sowie den technischen Möglichkeiten der damaligen Zeit ist das folgende Kapitel gewidmet.

IV. Der Pyramidenbau – Maße und Masse

Die Errichtung und Ausgestaltung einer Pyramidenanlage war
ein gewaltiges Unternehmen, das Teile der Bevölkerung auf
Jahrzehnte beschäftigte und die wirtschaftlichen Ressourcen
des Landes stark beanspruchte – und im Laufe der Zeit auch er-
schöpfte. Ein Stillstand im Bauprozeß trat niemals ein, denn
nach dem Tod eines Königs begann sein Nachfolger sofort mit
der Errichtung einer eigenen Pyramidenanlage.

So eindrucksvoll diese Bauwerke von den Leistungen der damaligen Zeit künden, so seltsam zurückhaltend äußern sich die
schriftlichen Quellen jener Epoche zu den Pyramiden und zum
Pyramidenbau selbst. Kein Text überliefert Details über die Er-

richtung einer Pyramide, gibt Auskunft über Zahl der Arbeiter, die Dauer der Arbeit oder darüber, unter welchen Bedingungen der Bau erfolgte. Lediglich aus vereinzelten Quellen lassen sich dürftige Anhaltspunkte gewinnen. So erfahren wir von einem Baumeister namens Senedjemib, der nahe der Großen Pyramide sein Grab errichten ließ, durch seine Grabinschrift, daß er die Pläne für die Pyramidenanlage und den Palast des Königs Djed-kare-Isesi (5. Dynastie) entworfen und ausgeführt hatte. Einige Generationen später teilt uns der Expeditionsleiter Uni in In-schriften auf den Wänden seines Grabes mit, wie er aus den Steinbrüchen Oberägyptens Baumaterial für die Pyramide und den Tempel des Königs Merenre (6. Dynastie) nach Saqqara ge-schafft hatte. Aber nur die Leistung des Expeditionsleiters selbst galt als überliefernswürdig; die einzelnen Vorgänge beim Trans-port und Verladen, die Ankunft am Bauplatz sowie die weiteren Arbeitsschritte werden dagegen nicht genannt. Die Errichtung einer Pyramide muß ein derartig alltäglicher Vorgang gewesen sein, daß er keiner ausdrücklichen Erwähnung oder Überliefe-rung für wert empfunden wurde.

Da die Texte kaum Auskunft geben, versuchen Archäologen und Bauforscher anhand der erhaltenen Relikte und Baubefun-de den Bauvorgang und die Arbeitsschritte zu rekonstruieren. Die dabei gewonnenen Erkenntnisse und Rückschlüsse lassen sich nicht immer mit unseren heutigen Vorstellungen, wie eine derartige Großbaustelle organisiert gewesen sein mag, in Ein-klang bringen – zu groß ist der zeitliche Abstand, zu fremd ist uns heute die Lebenswelt der Menschen jener Zeit. Daher wer-den immer wieder ganz unterschiedliche Überlegungen zum Bau der Pyramiden angestellt; das Feld der Theorien und Möglich-keiten ist groß. Da man in keine der großen Pyramiden direkt «hineinschauen» kann, bleiben innerer Aufbau, die Form der Kernstruktur und bautechnische Details verborgen.

Aus heutiger Sicht waren die technischen Hilfsmittel und Ar-beitsgeräte, die den Ägyptern zur Verfügung standen, einfach, um nicht zu sagen primitiv. Die Werkzeuge waren aus Kupfer, Stein und Holz gefertigt. Kupfergeräte wie Meißel, Sägen und Äxte mußten ständig nachgehärtet werden, was aufwendig und teuer war. Hämmer aus verschiedenen Hartgesteinen (wie Dolerit) dienten zum Herausschlagen von weicheren Gesteinsmaterialen aus dem Fels.

Was das Baumaterial betrifft, so waren die Voraussetzungen gut, denn Ägypten ist ein an Gesteinsarten außergewöhnlich reiches Land und der Abbau verhältnismäßig leicht zu bewerkstelligen. Kalkstein, der in unterschiedlichen Qualitätsformen zutage tritt und von den Ägypter *iner hedj*, «der weiße Stein», genannt wurde, war *das* Baumaterial der Pyramidenzeit. Für den Kernbau der Pyramiden verwendete man den groben, lokalen Kalkstein, der oft von minderer Qualität und wenig witterungsbeständig war. Für die Verkleidung der Pyramide sowie die Tempelwände und Decken schaffte man feinkörnigen, qualitätsvollen Kalkstein vom Ostufer heran, der im Felsmassiv des Mokattam, nahe dem heutigen Kairo, sowie in der Nähe von Tura und Ma'asara, einige Kilometer südlich von Kairo, abgebaut wurde. Andere Gesteinsarten mußten hingegen von weither aus den verschiedenen Teilen des Landes herangeschafft werden. Rosengranit, ein überaus hartes Tiefengestein, das für zahlreiche Bauteile – Verkleidungsblöcke, Sarkophagkammern, Blockierungssteine, Verstärkungen im Korridor- und Gangsystem der Innenräume, Scheintüren, Pfeiler, Säulen und Türkonstruktionen in den Tempeln – benötigt wurde, fand man vor allem an der Südgrenze des Landes bei Assuan. Ägyptischer Alabaster (genauer: Kalzit) wurde im Wadi Geraui in der Nähe von Kairo und vor allem in Hatnub in Mittelägypten gewonnen. Wegen seiner feinen Beschaffenheit und seines edlen Aussehens diente er zur Herstellung von Tempelböden, Sarkophagen, Kanopenkästen und Altären. Diorit (Granodiorit) ist ein basaltisches Tiefengestein, das in der Ostwüste, in Assuan und in Abu Simbel (Nubien) abgebaut wurde. Basalt, ein schwarzes, überaus hartes vulkanisches Gestein, wurde als Material für Tempelböden (Cheops, Userkaf, Sahure und Niuserre) verwendet.

So reich Ägypten an Steinvorkommen war und ist, so arm ist es an Holz. Die wenigen heimischen Baumarten wie Dattelpalme, Dumpalme, Tamariske, Akazie lieferten kein geeignetes Material für große Bauvorhaben. Funde aus Gräbern der 1. Dynastie belegen, daß Nadelhölzer – Tanne, Zeder, Zypresse – bereits sehr früh aus dem syrisch-palästinensischen Raum nach Ägypten importiert wurden. Unter König Snofru (4. Dynastie), der drei große Steinpyramiden errichten ließ, ist die Einfuhr von 40 Schiffsladungen Nadelhölzer überliefert.

Holz wurde zum Herstellen von Rollen, Schlitten, Hebeln und Hämmern verwendet. Das Rad war den Ägyptern zwar bekannt, doch wurde es während des Pyramidenbaus nicht eingesetzt. Man verwendete stattdessen Rollen aus Baumstämmen, eigens angelegte Förder- und Schleifbahnen, auf denen die Steinblöcke mittels Schlitten gezogen wurden. Der Transport erfolgte mit Menschen- und Tierkraft. Seile wurden aus Palmfasern, Schilf, Papyrus, Flachs und verschiedenen Gräsern (Halfagras) hergestellt.

Die Steintransporte aus entlegenen Gebieten erfolgten auf dem Wasserweg. Der Nil war zu allen Zeiten der bequemste und schnellste Transportweg. Die Pyramidenbaustellen waren stets so angelegt, daß von einer günstigen Stelle des Flusses ausgehend über ein Netz eigens angelegter Kanäle und unter Ausnutzung der alljährlich wiederkehrenden Überschwemmung das Baumaterial möglichst nahe mit Schlitten an die Baustelle geliefert werden konnte, um den beschwerlichen Transportweg zu Land möglichst kurz zu halten.

Fachleute wie Mathematiker, Vermessungstechniker und Ingenieure entwarfen Skizzen von Baudetails oder fertigten Architekturmodelle aus Stein an. Papyri mit mathematischem Inhalt und verschiedenen Rechenbeispielen (Papyrus Rhind I und II, Papyrus Moskau 4676) zeigen, daß die Ägypter ihre Mathematikkenntnisse umfassend und praxisnah einzusetzen wußten. Sie kannten ein Dezimalsystem und konnten alle Grundrechnungsarten lösen (die Multiplikation bestand in der Addition der Einheit), wenn auch auf verhältnismäßig komplizierte Art mit Brüchen bzw. Divisionen umgegangen wurde (die Rechnung wurde auf die einfachste Einheit, die Stammbrüche, zurückgeführt). Die Flächen eines Dreiecks, eines Vierecks, eines Kreises und die Oberfläche einer Halbkugel konnten ebenso berechnet werden, wie auch der Umfang von komplizierten Körpern wie Kegel,

Pyramide, Zylinder bestimmt wurden. Volumen- und Gewichts-
berechnungen waren schon aufgrund der praktischen Notwendigkeit im täglichen Leben auch allgemein geläufig. Auch das
Dreiecksverhältnis in einem rechtwinkligen Dreieck (pythago-
reischer Lehrsatz) war den Ägyptern bekannt. Auch wenn sie
nicht in der Lage waren, die Zahl π (= 3,1415 ...) genau zu bestimmen (und dies auch niemals angestrebt haben), so arbeite-
ten sie bei Kreisberechnungen mit Näherungswerten (3,16).
Daß sich aus der Architektur der Großen Pyramide der Zahl-
wert von π ableiten läßt, ist ein «Nebeneffekt», der sich durch
die dort verwendeten Maße ergeben hat, jedoch kein Hinweis,
die Erbauer hätten den Bau mit dem Ziel errichtet, diesen Zah-
lenwert in der Architektur der Pyramide zu verewigen.

Hinsichtlich der Bestimmung der Länge der Bauzeit einer Pyramide steht die Wissenschaft vor einem Problem. Da zeitge-
nössische Dokumente fehlen, orientiert man sich in der Regel an
den bekannten Regierungslängen der Herrscher – auch wenn diese wahrscheinlich nicht immer korrekt überliefert sind – um dann
auf die Länge der Bauzeit zu schließen. Für keine Pyramide läßt
sich die Länge ihrer Erbauungszeit genau ermitteln. Nur Herodot, der 2000 Jahre nach dem Bau der großen Pyramiden Ägypten bereiste, berichtet in seinem II. Buch der Historien (§ 124),
daß man an der Großen Pyramide 20 Jahre lang gebaut habe.
Diese Angabe dient in Ermangelung zeitgenössischer Quellen
allgemein als Richtwert, ohne daß wir ihre Richtigkeit überprü-
fen könnten. Viele Anlagen lassen anhand ihres Bauzustandes
auch erkennen, daß die Arbeiten wohl aufgrund des Todes des
königlichen Bauherrn vorzeitig eingestellt wurden und nur die
notwendigsten Bauabschnitte, zumeist in Lehmziegelarchitektur,
für die Bestattung und den Totenkult fertiggestellt wurden.

Es hat auch nicht an Versuchen gefehlt, die Gesteinsmassen,
die bei den großen Pyramiden der 4. Dynastie verbaut worden
sind, in Zahlen zu fassen und Arbeitsleistungen zu errechnen.
Die größte Bauleistung lag diesen Ergebnissen zufolge nicht bei
Cheops, sondern bei seinem Vater Snofru, der mindestens sechs
Pyramiden aus Stein errichten ließ (s. S. 63 ff.). Mit allen bekannten Nebenbauten lassen sich ungefähr folgende Massezahlen

für die großen Pyramidenerbauer errechnen (nach: R. Stadelmann, *Die großen Pyramiden von Giza*, 1990, S. 259):

Snofru	3 752 500 m³
Cheops	2 700 000 m³
Djedefre	230 000 m³
Chephren	2 200 000 m³
Mykerinos	320 000 m³

Die Zahl der an einem Pyramidenbau beschäftigten Personen –
qualifizierte Techniker ebenso wie einfache Arbeiter – läßt sich
ebensowenig aus zeitgenössischen Aufzeichnungen oder archäologischen Relikten erschließen wie die Länge der Bauzeit. Alle
Berechnungen gehen von Analogbeispielen, Vermutungen, modernen Vergleichen und Hochrechnungen aus.

Wiederum ist Herodot der einzige, der eine Zahl nennt:
100 000 Menschen, die alle drei Monate abgelöst wurden, sollen
beim Bau der Cheopspyramide tätig gewesen sein (II. Buch, § 124).
In Ermangelung besserer Quellen galt auch diese Angabe des
griechischen Reisenden lange Zeit als Berechnungsbasis. Es ist
jedoch klar, daß diese Zahlenangabe unter keinen Umständen der
Realität entsprochen haben kann. Mannschaftsstärken und Ar-
beiterzahlen beim Bau der Cheopspyramide werden heute zurückhaltend mit nicht mehr als etwa 20 000 Personen angegeben.
Aus logistischen und organisatorischen Gründen konnte davon –
wenn überhaupt – nur ein Viertel unmittelbar bei der Pyramide
tätig gewesen sein: Eine größere Anzahl von Arbeitern hätte sich
gegenseitig behindert und dadurch den Bauablauf nur verzö-
gert, wenn nicht gar gefährdet. Wahrscheinlich sind beim Bau
doppelte Mannschaftsstärken anzunehmen – auch dies ist schon
bei Herodot angedeutet, die abwechselnd zum Einsatz kamen.
Rechnet man etwa 2000 bis 3000 Steinbrucharbeiter hinzu, etwa
1000 Personen zum Transport der Blöcke aus den die Pyramide
umgebenden Brüchen und weitere 1000 für den Transport aus den
entlegeneren Steinbrüchen Ägyptens, weitere 1000 bis 2000, die
als Zulieferer, sonstige Handwerker und in Küche und Versorgung tätig waren, so ergibt sich eine Zahl von max. 12 000 bis
15 000 Beschäftigten. Bei einer geschätzten Bevölkerungszahl

von 1 bis max. 1,5 Millionen Menschen zur Zeit des Pyramidenbaus machte dieses Kontingent gerade 1% der Gesamtbevölke-
rung im Niltal aus.

Wie schon angedeutet, werden die genannten Zahlenwerte für
den Bau der Großen Pyramide angenommen. Die Pyramide Amenemhets III. in Dahschur (12. Dynastie), die aus luftgetrockneten Lehmziegeln errichtet wurde und wesentlich kleiner als die
Cheopspyramide ist, wurde wahrscheinlich von nicht mehr als
5000 Fachkräften, Arbeitern, Handwerkern und Hilfskräften
erbaut.

Ebenso falsch wie Herodots Zahlenangaben ist die Vorstellung, daß beim Bau der Pyramiden Sklaven zum Einsatz kamen.
Es ist der klassische Trugschluß, heutige Vorstellungen auf eine
fern zurückliegende und andersartige Kultur zu übertragen. Das
Bild von Sklavenheeren beruht auf der Überzeugung unseres
abendländischen Geschichtsbewußtseins, daß derartige Bauwerke nur unter extremem Zwang und Ausbeutung entstanden
sein können, da wir dem Bau falsche Beweggründe zugrunde-
legen. Der Pyramidenbau war nicht nur die Errichtung eines
gigantischen Königsgrabes, sondern religiöses Staatsprojekt;
Auftrag für die Ägypter zur Erhaltung der Weltordnung, dessen
Garant der König war. Überspitzt formuliert müßte man sagen,
daß sich die Ägypter damals darum «rissen», in einem solchen
Projekt eingebunden gewesen zu sein.

Ein Blick in die Quellen zeichnet auch ein anderes Bild der
Verhältnisse: Sklaven im juristischen Sinne des antiken Begriffs
hat es zur Zeit des Pyramidenbaus nicht gegeben, auch wenn es
damals verschiedene Grade der persönlichen Unfreiheit und
Abhängigkeitsverhältnisse durchaus gab. Im Zuge von Militär-
und Strafexpeditionen in benachbarte Gebiete (Nubien, Asien)
kamen wohl Kontingente von Kriegsgefangenen nach Ägypten,
doch bildeten diese keine in den Texten faßbare juristische Einheit, die man unter den Begriff «Sklaven» fassen könnte.
Kriegsgefangene und Verbrecher werden für extreme Arbeiten
in den Steinbrüchen oder bei schweren und gefährlichen Stein-
transporten zum Einsatz gekommen sein. Doch ist es auszuschließen, daß Bauwerke wie die Große Pyramide mit Hilfe von

Sklaven entstanden sind. Die Arbeiter vor Ort waren geschulte und über Generationen erfahrene Männer, denen eine gar nicht so kleine Gruppe an Organisatoren, Führungskräften und Ingenieuren vorstand. Sie verbrachten wohl ihr gesamtes Leben am Bauplatz eines Königsgrabes und gaben ihr Wissen und die Erfahrung an ihre Nachkommen weiter. Verstarb ein Herrscher und war seine Bestattung in der Pyramide vollzogen, so wechselten Arbeiter und Fachkräfte unmittelbar zum nächsten Pyramidenprojekt über, um den Gang der ägyptischen Weltordnung zu bewahren.

Die verantwortungsvolle Aufgabe der Bauleitung hatte der Wesir als «Vorsteher aller königlichen Arbeiten» inne. Wie wir den Titeln dieser Personen entnehmen können, waren sie Mitglieder des Königshauses. In der 4. Dynastie amtierten immer ein gebürtiger Prinz, mit dem Titel «ältester Königssohn», oder Personen aus alteingesessenen Familien, die bereits auf eine lange Tradition im Pyramidenbau zurückblicken konnten. Dem Wesir, der befugt war, im Namen des Königs zu agieren, stand die Befehlsgewalt zu, die für den Bau erforderlichen Mittel zu beschaffen, die arbeitsfähige Bevölkerung auszuheben und sie für den Arbeitseinsatz zu bestimmen.

Daß die Arbeit und Versorgung natürlich nicht immer reibungslos verliefen, zeigt uns ein Aktenstück, das die Zeit überdauert hat – eines der wenigen, das uns einen unmittelbaren Einblick in den damaligen Arbeitsalltag gewährt. Auf einem aus Saqqara stammenden Papyrus ist ein Brief aus der Zeit der 6. Dynastie erhalten, dem wir folgendes entnehmen können: Der Leiter einer Arbeitsexpedition in den Kalksteinbrüchen bei Tura beschwerte sich beim Versorgungsbeamten, der mit der Leitung der Bauarbeiten und damit auch mit der Übernahme der Lieferungen von Baumaterial betraut war. Der Steinbruchsleiter beklagte sich, daß seine Arbeiter ihre ihnen zustehende Wäsche nicht zum festgesetzten Zeitpunkt erhalten hätten. Dadurch sei unnötig Zeit mit Warten vergeudet worden. Neben dem Ausbleiben der benötigten Wäsche machte der Expeditionsleiter also dienstbeflissen auch auf die dadurch hervorgerufene Verzögerung im Arbeitsplan aufmerksam.

In der Regel schweigen sich die Quellen jedoch darüber aus, wie viele Arbeitsausfälle, Unfälle oder Tote es gab. Wie viele Stunden pro Tag mußten die Mannschaften arbeiten? Wie wurden sie für ihre Leistungen entlohnt? Wieder ist es Herodot, der mit einer detaillierten Angabe aufzuwarten weiß: daß in ägyptischer Schrift auf der Großen Pyramide aufgezeichnet war, was die Arbeiter an Nahrung verbraucht hatten – nämlich Rettiche, Zwiebeln und Knoblauch. Doch dürfen wir auch dieser Mitteilung kein Vertrauen schenken, denn es läßt sich nicht belegen – und wäre auch undenkbar –, daß auf Pyramiden profane Vermerke wie der Lebensmittelverbrauch der Arbeiter verzeichnet worden sein sollen.

Überliefert ist hingegen, daß die Bauarbeiter nach dem Prinzip einer Schiffsmannschaft organisiert und eingeteilt waren. Eine Mannschaft umfaßte ca. 200 Mann und setzte sich aus fünf Phylen (Abteilungen) zusammen, welche die Bezeichnungen einzelner Schiffsteile trugen: «Bug, rechte Seite», «Bug, linke Seite», «Heck, rechte Seite», «Heck, linke Seite». Die Bezeichnung einer fünften Gruppe ist bisher nicht eindeutig erklärt und könnte sich auf die Position des Steuermanns beziehen. Jede Abteilung gliederte sich anfangs in vier, später in zwei Gruppen; jede Mannschaft hatte einen Leiter.

Außer dem eben genannten System existierte ein weiteres, in dem die Arbeiter nach den drei Himmelsrichtungen «Norden», «Süden» und «Westen» erfaßt waren. Eine Abteilung «Osten» gab es nicht, da der Ausdruck «östlich» im Ägyptischen ebenso wie «links» zugleich «schlecht» bedeutete. Diese Abteilungen bildeten zusammen eine größere Einheit, die «Truppe». Es scheint als wären – im Gegensatz zu den Zugmannschaften – die Handwerker und Facharbeiter auf den Bauplätzen nach diesem System organisiert gewesen. Aus den Texten geht jedoch die Stärke einer solchen «Truppe» nicht hervor.

Expeditionen zur Steingewinnung in die entlegenen Gebiete wurden paramilitärisch durchgeführt und unterstanden nominell der Befehlsgewalt des Königs. Dieser wurde vom Expeditionsleiter vertreten, der gewöhnlich ein «Truppen-» oder «Flottenkommandant», der «Vorsteher aller königlichen Arbeiten»

oder der «Träger des Gottessiegels [des Königs]» war. Teilnehmer
waren Spezialisten wie Kundschafter, Steinmetze, Schreiber und
Priester. Sie wurden von einem militärischen Aufgebot begleitet,
das die Expedition in den Wüstengebieten vor räuberischen Be-
duinenstämmen schützen sollte. Expeditionsinschriften im Ala-
bastersteinbruch von Hatnub (Mittelägypten) nennen je nach
Ziel und Aufgabe der Expedition Zahlen zwischen 300 bis
1600 Mann.

War der Standort der zu errichtenden Pyramide bestimmt,
mußten einige Vorarbeiten geleistet werden, um den reibungslo-
sen Arbeitsablauf zu ermöglichen. Für die ständig vor Ort täti-
gen Arbeiter mußten Unterkünfte und Arbeitslager eingerichtet
werden. Transportstraßen, Zulieferwege, Förderbahnen, aber
auch die Kommunikation und Versorgung der vielen Menschen
am Bauplatz mußten vorbereitet werden. Magazine und Werkstätten zum Lagern und Ausbessern der Geräte und Werkzeuge
wurden errichtet und mußten dann auch bewacht werden. Das
dort eingelagerte Gut in Form von diversen Werkzeugen, Ar-
beitsgeräten und Baumaterialien mußte während des Baus ständig geprüft, gewartet und registriert werden. Für die Zugtiere –
meist Ochsen – wurden Ställe gebaut und Futternachschub
sichergestellt. Zur täglichen Versorgung der Arbeiter mußten
Backstuben, Küchen und Magazine errichtet und beliefert werden. Allein die ausreichende Versorgung mit Trinkwasser stellte
gewiß einen großen organisatorischen Aufwand dar. Parallel
dazu wurden Häuser und Unterkünfte für die Architekten, Vor-
arbeiter, Bauleiter und Verwaltungsbeamten erbaut. Ein königlicher Wohnpalast zur Unterbringung des Herrschers, wenn er
den Baufortschritt inspizieren wollte, wurde am Fuße des Pyra-
midenplateaus angelegt. Dort bildete sich im Laufe der Zeit eine
eigene kleine Siedlung, die Pyramidenstadt, heraus, wo nach
Fertigstellung des Bauprojekts die Totenpriester und das Tempelpersonal mit ihren Familien lebten.

War der Großteil dieser Vorarbeiten erledigt, konnte man die
eigentliche Aufgabe in Angriff nehmen. Vorbereitungmaßnah-
men zum eigentlichen Pyramidenbau, wie die Absteckung des
gewählten Bauplatzes und verschiedene Einmessungen des Ge-

ländes, auf dem die Pyramide errichtet werden sollte, wurden sicher schon während der zuvor geschilderten Vorarbeiten vorgenommen. Bei der Cheops- wie auch bei der Chephrenpyramide wurde nicht die gesamte Basis der zu errichtenden Pyramiden geebnet, sondern nur ein äußerer Fundamentstreifen als Rahmen angelegt, während im Innern der natürlich anstehende Felsrücken mit einer Höhe von mindestens 8 m als Kernmassiv erhalten blieb. Dieser natürliche Felsrücken erbrachte Material- und Zeiteinsparung beim Errichten des Kernbaus, hatte allerdings den Nachteil, daß direkte Diagonalmessungen zwischen den Pyramidenecken unmöglich wurden. Dennoch ist die bei der Cheopspyramide nachmeßbare Präzision der Nivellierung verblüffend (s. S. 67).

Wie kam man zu solch einem Meßergebnis, das heute nur mit modernem technischen Gerät festgestellt werden kann? Alle Erklärungen zu den damals möglichen Nivelliertechniken bleiben unbefriedigend. Lange Zeit nahm man an, die Pyramidenbasis sei vor dem Errichten der Pyramide geflutet worden, um eine horizontale Ebene anlegen zu können. Dies ist aber schon aufgrund des stehengelassenen Felskerns in der Mitte der Pyramide unmöglich. Auch die Vorstellung eines umlaufend mit Wasser gefüllten Kanals ist auszuschließen, da das Wasser durch das Kalkgestein und die Karstrisse versickert wäre, noch bevor man ein vernünftiges Meßergebnis hätte erzielen können.

Praktische Versuche mittels der im Alten Ägypten nachweisbaren Setzwaage haben recht gute Resultate erbracht. Diese Waage ist ein rechtwinkliges Dreieck, bestehend aus drei Holzleisten, wobei zwei längere Hölzer als Beine dienten und mit einem Querholz, das eine Markierung aufwies, versehen waren. An der Spitze des Dreiecks war ein Senkblei aufgehängt, das bei waagerechter Aufstellung des Dreiecks genau auf oder über die Markierung in der Mitte des Querholzes zeigte. Hing das Lot nach links oder rechts der Mittelmarkierung, lag eine auszugleichende Unebenheit vor. Vermutlich stellte man diese Waage auf lange Holzbretter und führte mehrfach Messungen durch, um Neigungen und Unebenheiten zu beseitigen. Wie viele Meßdurchgänge die Ägypter mit solch einem Gerät allerdings

durchführen mußten, um zu so präzisen Ergebnissen wie bei der
Cheopspyramide zu kommen, können wir nicht mehr nachvollziehen.

Auch die exakte Ausrichtung der Pyramiden ist Anlaß zu zahlreichen Überlegungen hinsichtlich der damaligen Meßmethoden.
Die beiden großen Pyramiden in Giza bilden dabei den unüber-
troffenen Höhepunkt an Meßgenauigkeit. Bei der Cheopspyramide ist die mittlere Abweichung von der exakten Nordrichtung
mit 0°2'49" geradezu unvorstellbar gering, bei der Chephrenpyramide sind es ebenfalls nur 0°5'26". Auch spätere Pyramiden
sind zwar ebenfalls noch recht gut nach der Nordrichtung orientiert, doch bekommt man den Eindruck, daß die exakte Ausrichtung von den Architekten nicht mehr angestrebt wurde.

Bei der Ausrichtung der Bauwerke orientierte man sich an
Himmelserscheinungen: entweder an der Bewegung der Sterne
während der Nacht oder am Lauf der Sonne, denn beide Methoden ergeben bei wiederholten Beobachtungsvorgängen
exakte Ergebnisse. Es läßt sich heute nicht eindeutig bestimmen, welcher Methode sich die Ägypter tatsächlich bedienten.
Vielleicht waren beide Methoden der Beobachtung gleichzeitig
im Gebrauch, denn sie lassen sich im gleichen Maße ideologisch
wie religiös untermauern. Die Sonne spielte bei fast allen Kul-
turvölkern des Altertums eine bestimmende Rolle. Ihr täglicher
Lauf am Firmament war seit dem frühen Alten Reich eine wichtige Erscheinung in der Vorstellungswelt der Ägypter. Das täglich im Osten wiederkehrende Himmelsgestirn war Symbol und
Garant der Unvergänglichkeit und Wiedergeburt. Ebenso gibt
es aber gewichtige Argumente für die Beobachtungen während
der Nacht und für die Ausrichtung nach den polnahen Sternen
(z. B. α-*Draconis*). Diese gehen während der Nacht nicht unter,
sondern beschreiben scheinbar einen Kreis am nördlichen Firmament. Aus den Pyramidentexten – erstmals in der Pyramide
des Unas (5. Dynastie) aufgezeichnet – geht unmißverständlich
hervor, daß die Jenseitsreise des verstorbenen Königs bei jenen
Zirkumpolarsternen, den «Unvergänglichen» oder «Nimmermü-
den», wie die Ägypter sie bezeichneten, enden und der Herrscher
gleich wie die Sterne ewig am Nachthimmel «glänzen» sollte.

Bei der Sternbeobachtung bediente man sich zweier Instru-
mente, die beide als Grabbeigaben bekannt sind. Zum Anpeilen
benutzte man das *bai*, eine Art Visier in Form eines an einem
Ende gespaltenen Holzstückes, während das *merchet*, ein
Handlot, zur Ausrichtung diente. Zur Bestimmung der Nord-
Süd-Achse legte man die Mitte zwischen Auf- und Untergangspunkt eines Sterns an einem künstlich geschaffenen Horizont
fest, etwa einer halbkreisförmig errichteten Mauer mit horizontal abschließender Mauerkrone, über die gefluchtet wurde. Im
Kreismittelpunkt stand eine beobachtende Person mit dem Vi-
siergerät, die den Auf- und Untergang eines polnahen Sternes
beobachtete. Ein zweiter Vermesser bekam dann den Hinweis,
wann ein Stern auf- bzw. unterging, und markierte dies auf der
Mauer. Die Winkelhalbierende zwischen dem Beobachtungs-
punkt und den beiden auf der Mauer markierten Punkten ergab
die Ausrichtung nach Norden. Durch mehrmaliges Wiederho-
len des in der Praxis nicht ganz unproblematischen Vorganges –
das Beobachtungsergebnis konnte etwa durch atmosphärische
Störungen negativ beeinflußt werden – war man in der Lage,
eine exakte Nord-Süd-Richtung zu erzielen.

Eine weitere Meßmethode bestimmt nicht den Punkt des Auf-
und Unterganges eines polnahen Sterns, sondern den seiner
größten Digression (= Abweichung). Man beobachtet dabei den
Aufstieg und den Niedergang des Zirkumpolarsternes, der am
Firmament einen Bogen beschreibt, so lange, bis der Stern den
Punkt erreicht, an dem die Sternbahn die äußerste östliche und
westliche Distanz seines Meridians durchläuft. Das Durchlau-
fen der größten Digression des Sterns erscheint dem Beobachter
als Verlangsamung der Sternbewegung. Diesen Moment markierte man jeweils mit einer Fluchtstange im Gelände. Die
Nord-Süd-Achse erhielt man dann wiederum durch die Bestimmung der Winkelhalbierenden.

Bei der Ausrichtung nach dem Sonnenlauf beobachtete man
die Schattenbewegung eines Stabes. Ein mit einer Markierung
versehener Holzstab wurde in den Boden gesteckt, und mit Hilfe einer straff gespannten Schnur wurde nördlich des Stabes ein
Halbkreis im Boden markiert. Mit der täglichen Wanderung der

Sonne von Osten nach Westen beobachtete man den Verlauf des Schattens. In der Frühe warf der Stab einen langen Schatten nach Nordwesten, der die Halbkreislinie weit überschritt. Im Laufe des Tages verkürzte sich der Schatten, bedingt durch das Steigen der Sonne, bis er die angezeichnete Linie des Halbkreises schnitt. Fortan wurde die Schattenlinie immer kürzer, bis sie zur Mittagszeit ihr Minimum erreichte. Daraufhin trat der umgekehrte Verlauf ein – der Schatten wurde nach Nordosten länger. Irgendwann am Nachmittag wurde die Halbkreislinie abermals geschnitten. Auf diese Weise hatte man nun zwei Punkte, die man mit der Position des Stabes verbinden konnte. Mit Hilfe der Winkelhalbierenden ließ sich die Nordrichtung bestimmen.

Als Beispiel sei hier die Cheopspyramide angeführt: Die Bestimmung der Basiswinkel und der Längen der Seiten ist ein Meisterstück altägyptischer Vermessungstechnik. Die moderne Wissenschaft muß anerkennend feststellen, daß sich die alten Ägypter beim Einmessen der rechten Winkel den größten «Fehler» an der Nordostecke mit 58'' (Winkelsekunden!) von 90° erlaubten. Bis heute ist nicht geklärt, mit welchen Geräten oder Hilfsmitteln eine derartig exakte Messung durchgeführt werden konnte, da, wie schon erwähnt, aufgrund des anstehenden Felsrückens auch Diagonalmessungen zwischen den Eckpunkten zu Kontrollzwecken nicht möglich waren. Dieselbe Präzision gilt auch für die annähernd exakt übereinstimmenden Seitenlängen der Pyramidenbasis: Die Abweichungen liegen zwischen 0,9 an der Ostseite und 3,2 cm an der Nordseite als Maximalwert bei einer mittleren Seitenlänge von 230,36 m.

Etliche Verfahren der Winkelmessung stehen in Diskussion, sind jedoch aufgrund der doch eher unbefriedigenden Resultate wenig überzeugend. Meßmethoden mit Hilfe hölzerner Dreiecke – sog. Winkeldreiecke ähnlich unseres in der Schule verwendeten TZ-Dreicks – konnten materials- und witterungsbedingt keine exakten rechten Winkel angeben. Man vermutet daher, daß man das gleiche Winkeldreieck spiegelverkehrt an einer Geraden anlegte und die Linien der Schenkel am Boden markierte. Mit der Winkelhalbierenden der beiden Schenkel konnte man dann den rechten Winkel bestimmen. Das, was am Schreibtisch mit jedem TZ-Dreieck leicht durchzuführen ist, bleibt in natura aufgrund der Geländeverhältnisse und großen Distanzen (Basislänge der Cheopspyramide = 230 m) doch eher hypothetisch. Überzeugender ist das Meßverfahren, das mit Hilfe einer Schnur durchgeführt werden kann. Auf einer vorgegebenen Geraden wird in einem Punkt, der als Eckpunkt der Pyramide bestimmt wurde, ein Halbkreis abgeschlagen. Von den Schnittpunkten dieses Kreises mit der Geraden werden zwei weitere Kreise mit größerem Radius geschlagen. Verbindet man diesen Schnittpunkt der beiden Kreise mit dem auf der Gerade liegenden Eckpunkt, so erhält man eine weitere Gerade, die auf die erste Gerade im rechten Winkel steht und gleichzeitig die Ausrichtung der zweiten Pyramidenkante markiert.

Der Neigungswinkel wurde auf einfache und doch präzise Weise bestimmt, nämlich durch die Messung des Rücksprunges zu einer Elle Höhe (1 Elle = 7 Handbreit = 0,525 m); die alten Ägypter nannten dieses Verhältnis ein *seked*. Diese Messung war für sie die einzige Möglichkeit, einen Winkel festzulegen. Einige der wichtigsten Pyramidenwinkel entsprechen daher folgenden Verhältnissen: Rote Pyramide: 45° = Verhältnis 1 : 1 (1 Elle Höhe zu 1 Elle Rücksprung); Cheopspyramide: 51°50'40'' = Verhältnis 1:5$^{1}/_{2}$; Chephrenpyramide: 53°10' = Verhältnis 4:3; Mykerinospyramide: 51°20'25'' = Verhältnis 5:4; etliche Königinnenpyramiden: 63°26' = Verhältnis 2 : 1. Aus dem letztgenannten Maßverhältnis ergab sich zwangsläufig, daß die Seitenlänge gleich der Pyramidenhöhe war.

Nachdem die Ausmaße der Pyramide festgelegt, die Nivellierungen der Basis und die Eckpunkte bestimmt waren, konnte mit dem eigentlichen Bau begonnen werden. Je nach Konstruktionsmethode waren zwei verschiedene Arbeitseinsätze erforderlich: das Anlegen eines schrägen Korridors im Fels im Untertagbau, an dessen Ende sich die Grabkammer befinden sollte, oder die nach oben offene T-förmige Ausschachtung in den Fels, in der dann das Kammer- und Korridorsystem errichtet wurde. Beide Arbeitsmethoden hatten Vor- und Nachteile im Bauablauf. Die oben offene Ausschachtung bedeutete einen gewal-

tigen Arbeitsaufwand, selbst wenn man das ausgeschachtete
Steinmaterial später beim Aufbau des Pyramidenmassivs ver-
werten konnte. Solange aber die unterirdische Anlage nicht fertiggestellt war, konnte man nicht mit dem vollständigen Aufbau
der Pyramide beginnen. Zudem waren selbst trotz technischer
Gegenmaßnahmen die unterirdischen Kammern dem Druck des
Pyramidenmassivs ausgesetzt.

Demgegenüber war ein durch den Fels getriebener Korridor mit
Kammersystem sicherer, da es vom umgebenden Gestein ge-
schützt war. Andererseits muß die Arbeit in den langen und
schmalen Korridoren mit einem Querschnitt von kaum mehr
als $1,0 \times 1,0$ m (= 2×2 Ellen) ohne ausreichende Luftzufuhr
und Licht, erhellt allein durch rauchende und rußende Fackeln,
die ebenfalls Sauerstoff verbrauchten, eine unvorstellbare Be-
lastung gewesen sein. Vermutlich wurde aus diesem Grund die
tief im Fels geplante unterste Grabkammer der Cheopspyramide aufgegeben und stattdessen ins Pyramidenmassiv verlegt
(Abb. 4).
    Zur Frage des Transports und Verbaus der Blöcke gibt es eine
Reihe von Erklärungen und Theorien, die jedoch nicht restlos
befriedigen. Wiederum verdanken wir Herodot (II. Buch, § 125)
die ausführlichste Schilderung des Pyramidenbaus. Doch auch
hier ist seine Beschreibung nicht so präzise, daß sie eine eindeu-
tige Auskunft über die technischen Hilfsmittel der alten Ägypter
geben würde: *Bei ihrem Bau [der Pyramide] verfuhr man folgendermaßen. Zunächst ist sie stufenförmig, treppenförmig,
oder wie man es nennen will, gebaut worden; die zur Ausfüllung
des Treppendreiecks bestimmten Steine wurden mittels eines
kurzen Holzgerüstes hinaufgewunden. So hoben sie sie von der
Erde auf den ersten Treppenabsatz; dort legten sie sie auf ein
anderes Gerüst, durch das sie auf den zweiten Treppenabsatz
hinaufgewunden wurden. Soviel Stufen, soviel solcher Hebevorrichtungen waren vorhanden, falls diese Hebevorrichtungen
nicht so leicht tragbar waren, daß man ein und dieselbe von Stufe zu Stufe hob, nachdem man den betreffenden Stein abgenom-
men hatte. Mir ist nämlich beides erzählt worden, weshalb ich*

beides anführe. So wurde zuerst die Spitze fertiggestellt, dann
abwärts bis schließlich zu der untersten Stufe herab. (Übersetzung: A. Horneffer, Herodot, *Historien*, Stuttgart 1971[14]).

Diese Schilderung wurde oft zum Anlaß genommen, verschiedenste hölzerne Hebemaschinen, die in der Wissenschaft mittlerweile als «Maschinen des Herodot» bezeichnet werden, wie Hubwinden, Hebekräne, Gangspill, Kräne, Dreibeine, Winden, zu rekonstruieren. Eine Vorrichtung, die an eine Art Wasserschöpfwerk erinnert, bestand aus horizontalen und vertikalen Balken und funktionierte ähnlich wie eine Waage. Nach der Beförderung eines Blocks auf eine höhere Stufe wurde – wie es Herodot schildert – auch der hölzerne Waagebalken nach oben geschafft und der Arbeitsvorgang dort wiederholt. Mit dieser Holzkonstruktion ließen sich allerdings nur kleinere Steinblöcke heben.

Andere Konstruktionen gehen vom Einsatz eines Gegengewichts aus, welches das Heben der Last erleichtert hätte. Daß der Flaschenzug zur Zeit des Alten Reiches tatsächlich bekannt und in Verwendung war, darf man vermuten, auch wenn explizite Hinweise auf diese technische Einrichtung fehlen. Zumindest existierten Vorrichtungen zum Umlenken von Seilen (Kraftumlegungen) der einfachen Art wie steinerne Rollen oder Baumstämme, die das Heben von Lasten erleichterten.

Diodor schildert in seinem Werk (*Historische Bibliothek* I, 63) eine völlig andere Art des Lastentransports: *Man sagt, daß* *[...] der Bau mit Hilfe von Wällen erfolgte, denn Hebekräne* *waren zu jener Zeit noch unbekannt.* Mit «Wällen» dürften Rampen oder schiefe Ebenen gemeint sein, denn solche Vorrichtungen werden auch in altägyptischen Texten (Papyrus Anastasi I) erwähnt. An mehreren Pyramidenplätzen (Meidum, el-Lischt, Dahschur, Saqqara und Abusir) wurden Überreste von Rampen oder rampenähnlichen Transportstraßen gefunden, die die Überlieferung also bestätigen. Hierbei ist zwischen zwei Arten von Rampen zu unterscheiden: solche, die als Transportstraßen aus Steinbrüchen in die Nähe der Pyramidenbaustelle führten, wo das Steinmaterial dann weiterverarbeitet wurde – bei diesen Rampen handelte es sich um Zulieferbahnen, die nach Beendi-

gung der Arbeit im Gelände belassen wurden –, und solche
Rampen, die unmittelbar am Bauwerk selbst zum Einsatz kamen. Diese wurden nach der Fertigstellung der Pyramide
verständlicherweise abgebaut und entfernt, so daß bei keiner
Pyramide heute erkennbar ist, welche Art von Rampe einst verwendet worden war.

Unzählige Rampenmodelle stehen zur Diskussion, wovon
allerdings keine für sich in Anspruch nehmen kann, allen Fragen
des Pyramidenbaus gerecht zu werden. Eine gerade, an eine Seite
der Pyramide heranführende und bis an die Spitze mitwachsende
Rampe (Abb. 1/1) setzt voraus, daß der Anstiegswinkel der
Rampe 10° nicht überstieg, um ein einigermaßen müheloses
Hinaufziehen des Baumaterials zu ermöglichen. Der flache Winkel bedingte aber, daß mit dem Anwachsen der Pyramide und der
mit ihr verbundenen Rampe die Länge und die Basis derselben
stetig vergrößert werden mußten. Berechnungen ergaben, daß
die Baumasse einer solchen mitwachsenden Rampe die der Pyramide um ein Vielfaches überstiegen hätte. Für die Cheopspyramide errechnete man eine Rampenlänge von mindestens 1,5 km
sowie eine Rampenkubatur, die über 17,3 Mio m^3 betragen und
damit das Pyramidenvolumen um das 6- bis 7-fache überstiegen
hätte. Auch aus bauorganisatorischer Sicht und vom arbeitsöko-
nomischen Standpunkt aus betrachtet, ist eine solche Rampe wenig sinnvoll: Die Arbeitermannschaften hätten nicht nur beim
Transport der Steinblöcke an den Bau lange Arbeitswege zu be-
wältigen gehabt; sie hätten dieselbe Strecke auch wieder mit den
leeren Schlitten zurücklegen müssen, ohne dabei die heraufkom-
menden, beladenen Schlitten zu behindern.

Eine senkrecht auf die Pyramide zulaufende, aber getreppte
Rampe (Abb. 1/2) benötigt weniger Kubatur als eine schräg ver-
laufende Rampe. Da aber notwendigerweise der Aufstiegswin-
kel wesentlich steiler ist, konnten die Blöcke nicht mehr gezogen werden, sondern mußten mit Spezialgerät, d. h. mit Hebekränen, von einer Stufe auf die nächste hochgehoben werden.
Diese Art des Materialtransports ist kompliziert und zeitauf-
wendig und dürfte vermutlich nur in den oberen Partien eines
Pyramidenbaus zur Anwendung gekommen sein.

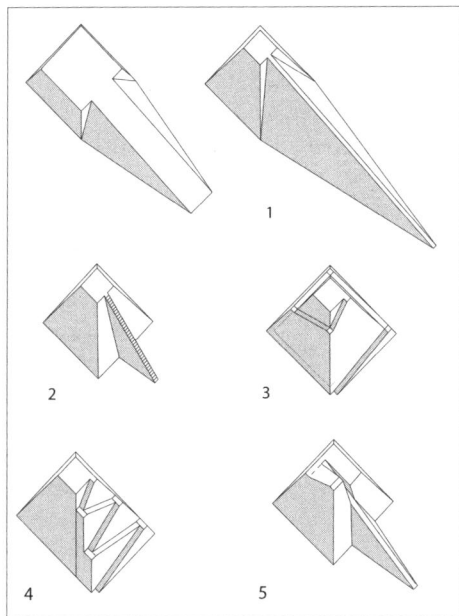

Eine spiralförmig um die Pyramide herumlaufende Rampe
(Abb. 1/3) wird in mehrfachen Varianten diskutiert. An einem
oder an allen vier Eckpunkten des Pyramidenkörpers beginnend,
windet sich eine Rampe mit dem Anwachsen des Bauwerks in die
Höhe. Die Rampe konnte entweder am Pyramidenkörper mit
dem noch ungeglätteten Mauerwerk verbunden sein, oder sie besaß eine eigene Fundamentierung und lehnte sich an die Seitenflächen der Pyramide an. Auch wenn dieser Rampentyp in der Py-
ramidenliteratur häufig beschrieben wird, so bringt er doch
schwerwiegende Nachteile mit sich, die es eher unwahrscheinlich
machen, daß er zum Einsatz kam. Eine Rampe, die lediglich am
Kernmauerwerk der Pyramide verankert war, mußte ein erheb-
liches Baurisiko darstellen. Eine Fundamentierung der Rampe
vom Boden hätte andererseits ein völliges Ummauern des Baukörpers erfordert. Die Architekten hätten dann keine Möglichkeit gehabt, Messungen, Ausrichtungen und Winkelbestimmun-

gen während des Bauprozesses zu kontrollieren und zu korri-
gieren. Zudem wäre in der unmittelbaren Umgebung der Pyramidenbasis das Gelände von der Rampenfundamentierung
verbaut gewesen. Sonstige Einrichtungen bei der Pyramide hätten erst nach dem völligen Abbau der Rampe errichtet werden
können.

Eine ähnliche Theorie geht davon aus, daß die spiralförmig
umlaufende Rampe in einer eigens angelegten Aussparung im
Pyramidenkörper selbst angelegt war und gleichzeitig mit dem
Hochwachsen der Pyramide hochgeführt wurde. Die im Baukör-
per befindliche Rampe hätte während der gesamten Bauzeit eine
Kontrolle des in die Höhe wachsenden Baukörpers gestattet.
Materialintensive und platzraubende Fundamentierungskon-
struktionen waren bei dieser Variante überflüssig.

Die zickzackförmig ansteigende Rampe an einer Pyramiden-
seite war ähnlich wie der vorhergehende Rampentyp konstruiert,
jedoch mit dem Unterschied, daß sie lediglich an einer Pyrami-
denseite in Zickzackform hochgeführt wurde (Abb. 1/4). Die
Fundamentierung erfolgte entweder vom Boden aus, oder man
nutzte entsprechende Stufen im Kern des Rohbaus als Auflager.

Eine weitere Theorie geht davon aus, daß eine senkrecht zulaufende Rampe über eine etwa 20–30 m breite Bresche ins Innere
des Pyramidenmassivs selbst reichte und dort endete (Abb. 1/5).
Mit solchen Rampen hätte man ca. 35–40 m des Pyramiden-
stumpfes erbauen können. Bei entsprechender Verlängerung der
Rampe ins Gelände, um den Neigungswinkel gering zu halten,
wäre es sogar denkbar, mit dieser Konstruktion den Bau bis zu
einer Höhe von ca. 60 m zu bringen. Ab dieser Höhe hätte man
dann durch eine 180°-Wendung der Rampe im Massiv weitere
30 m Höhe aufgebaut. Bei der Cheopspyramide wären damit
immerhin schon etwa 80% des gesamten Bauvolumens verbaut
gewesen. Für die restliche Bauhöhe – bei der Cheopspyramide
immerhin noch 50 m – wären aufgrund des eingeschränkten
Platzes im Massiv dann allerdings getreppte Rampen notwendig geworden.

Ausgehend vom «Modellfall» der Cheopspyramide und in Ab-
wägung der bekannten Befunde und Beobachtungen vermutet

man eine Kombination der oben genannten technischen Einrichtungen und Arbeitsvorgänge. Im unteren Abschnitt eines Pyramidenmassivs, wo die größte Masse an Baumaterial verbaut wurde, wird man, soweit es der Platz erlaubte, mit mehreren frontalen und kurzen Rampen gearbeitet haben. Im mittleren Abschnitt wird man im Inneren des kleiner werdenden Baukörpers steilere und kurze Rampen bzw. Treppenkonstruktionen gebraucht haben. Im obersten Abschnitt, wo nur eine geringe Masse – allerdings unter schwierigeren Bedingungen – zu verbauen war, wird man dann Zusatzkonstruktionen in der Art von Hebekränen oder ähnlichem annehmen müssen, um Material und Mannschaft genug Platz zu gewähren. Eine schwierige Phase der Arbeiten war die Anbringung des Pyramidions, der Pyramidenspitze, deren Gewicht bei Cheops auf 5 bis 6 t geschätzt wird. Vermutlich kamen hierbei spezielle Holzkonstruktionen, eingefettete Rundbalken, dicke Seile und Gegengewichte zur Anwendung, um die Spitze an ihrem Platz zu fixieren.

Nach Fertigstellung der Pyramide erfolgte eine letzte Glättung und Nachbesserung der Verkleidungsflächen, da während des Baus sicherlich Schäden an den Blöcken entstanden sind. Man glättete die Pyramidenflächen von oben nach unten, was bei einigen Anlagen dazu führte, daß ihre Verkleidungssteine im untersten Abschnitt nicht fertig geglättet werden konnten (Meidum, Mykerinospyramide). Denn während dieser Vorgänge wird man bereits begonnen haben, die letzten technischen Einrichtungen, Rampen, Gerüste, Zulieferstraßen und Werkstätten um die Pyramide abzubauen.

V. Die Pyramiden des Alten Reiches – Monumente für die Ewigkeit

Die großen Steinmonumente entstanden im Alten Reich, der Epoche von der 3. bis zum Ende der 8. Dynastie, die wir heute entsprechend als die Pyramidenzeit (2707–2170 v. Chr.) betrach-

ten. Der König als Träger göttlicher Macht beherrschte uneinge-
schränkt das gesamte Land. Diese Idee des allumfassenden Staates mit einem gottgleichen Herrscher an der Spitze war bereits in
den ersten beiden Dynastien gewachsen und kam während der
3. Dynastie (2707–2639 v. Chr.) zum Durchbruch. Die Könige
der ersten beiden Dynastien (3032–2707 v. Chr.) waren in großen
Hügelgräbern in Abydos und in ausgedehnten Galeriegräbern in
der Nekropole von Saqqara bestattet (Abb. Karte). Nur wenige
Spuren lassen erkennen, wie die entscheidende Veränderung der
Bauform zur Pyramide im einzelnen verlief. War es bloß bau-
technischer Zufall, der Wunsch das Grab ehrfurchtgebietend
monumental zu gestalten? Oder verbirgt sich hinter der Bauform
der Pyramide die mystische Vorstellung eines aus der Urflut auf-
tauchenden Urhügels, Sinnbild des immer wiederkehrenden Lebens?

Die 3. Dynastie

Die 3. Dynastie (2707–2639 v. Chr.) ist die Zeit der Stufenpyramiden. Die besonderen Kennzeichen der frühen Phase der
Pyramidenzeit sind Größe und die massive Erscheinung der
Bauwerke sowie die Verwendung neuer Baustoffe. Das vorherr-
schende Baumaterial königlicher Gräber waren bis dahin ungebrannte Schlammziegel. Mit dem Bau der ersten Stufenpyramide verkündete die massive und exklusive Verwendung von
Stein – vor allem Kalkstein und Granit – als sinnfälligster Ausdruck der Dauerhaftigkeit markant den Herrschaftsanspruch
der Könige über den Tod hinaus. Stein wird von nun an zum
Symbol des Unvergänglichen, zum Göttlichen par excellence.

Rein äußerlich ein Stufenbau, weist das Innere des steinernen
Massivs eine spezielle Bauweise auf. Anders als bei den späteren
Pyramiden ab dem Beginn der 4. Dynastie (um 2639 v. Chr.)
wurde das Mauerwerk dieser Pyramiden nicht in waagrechten
Schichten mit stufenförmiger Verjüngung errichtet, sondern man
legte um einen steilen, hoch aufragenden Kernbau «Mäntel»
oder «Schalen», die nach innen zur Mitte des Bauwerks geneigt
waren und dadurch die Stabilität der Konstruktion erhöhten. Je
nach Größe der zu errichtenden Pyramide wurden entsprechend

viele Schalen angelegt, die mit jeder weiteren Schale die Basis der Pyramide vergrößerten, in der Höhe jedoch abnahmen.

Die Stufenpyramide des Königs Djoser (2690–2670 v. Chr.) ist die älteste Pyramide Ägyptens. Für die Errichtung des Bauwerks zeichnete Prinz Imhotep, der Hohepriester von Heliopolis, verantwortlich. Er ist einer der wenigen Architekten aus dem alten Ägypten, die wir namentlich kennen.

Das Djosergrabmal steht in Saqqara inmitten eines ausgedehnten Baukomplexes, der den Grabbezirk des Begründers der 3. Dynastie bildet. Es ist das größte funeräre Scheingebäude der ägyptischen Architekturgeschichte. Denn die im Bezirk befindlichen Bauwerke sind als «darstellende» Architektur Bauten besonderer Art. Zwei Formen von Gebäuden sind zu unterscheiden:

Einerseits wurden Bauten errichtet, die realiter nicht betretbar waren. Diese sogenannten «Scheinbauten» hatten eine rein symbolische Funktion: Durch die Errichtung einer (unbetretbaren) Götterkapelle wurde die dauernde Präsenz der in der Kapelle anwesenden Gottheit im Gesamtritual sichergestellt. So reihten sich im Osten der Pyramide an die 30 Götterkapellen entlang eines freien Platzes, auf dem die Erneuerungsriten für den toten Herrscher stattfanden.

Die zweite Bauform im Bezirk bildeten Gebäude, die von den Priestern während des Kultablaufs tatsächlich betreten werden konnten und als architektonischer Rahmen für die täglich durchzuführenden Kulthandlungen dienten. An der Nordseite der Stufenpyramide stand ein solcher Gebäudekomplex, der die vereinfachte und in Stein übertragene Abbildung des realen Königspalastes darstellte.

Im Gesamtzusammenhang betrachtet, stellten diese versteinerten Bauwerke – symbolische wie funktionale – den idealisierten und stilisierten Königsbezirk dar und dienten zur Ausübung der jenseitigen Königsherrschaft. Die alles überragende Stufenpyramide, das eigentliche Grab, war Symbol für die Präsenz des verstorbenen Herrschers, dessen Weiterleben im Jenseits durch einen immerwährenden Kult zu seinen Ehren gesichert wurde.

Während die Pyramide keine unmittelbaren architektonischen Vorbilder hatte, sondern die Grabstätte des Herrschers monumental inszenierte, sind die sie umgebenden steinernen Bauwerke aus der alltäglichen Gebrauchsarchitektur übernommen worden. Sie waren allerdings keine getreuen Kopien ihrer Vorbilder, sondern bildeten in vereinfachender Weise den ideellen Wesenskern eines bestimmten Bauwerks – Palast, Wohnhaus, Heiligtum – ab.

Betrachten wir einige wichtige Bauelemente dieses königlichen Grabbezirks. Der Grabkomplex war umgeben von einer hohen steinernen Umfassungsmauer mit regelmäßiger Nischengliederung und 14 ungleichmäßig über die Fassade verteilten Scheintoren. Diese monumentale Einfassung kennzeichnete die Anlage als urtümlichen Gottespalast oder Götterfestung. Der einzige tatsächlich betretbare Eingang lag am Südende der Ostseite und führte durch eine eindrucksvolle Kolonnade mit steinernen Pflanzensäulen in einen großen Hof.

Die zentral gelegene Stufenpyramide, die wir im folgenden genau besprechen wollen, weist eine komplizierte Baugeschichte auf (Abb. 2). Anfangs war Djosers Grabmonument als flacher, massiver Steinbau auf quadratischem Grundriß geplant worden (Bauphase M1). Dieser ursprüngliche Bau wurde in zwei weiteren Bauphasen (M2–M3) vergrößert, wobei die letzte Erweiterungsphase (M3) nur auf einer Seite erfolgte, so daß das Monument einen rechteckigen Grundriß erhielt. Als an der Bauphase M2 gearbeitet wurde, legte man entlang der östlichen Grabfassade elf tiefe Schächte an, von denen Korridore nach Westen unter das Grabmassiv führten. Diese Schachtanlagen dienten der Beisetzung königlicher Gemahlinnen und Familienmitglieder.

Auf der Bauphase M3 errichtete man schließlich die erste Pyramide in Form eines 4-stufigen Baus (P1) von insgesamt 42 m Höhe. Diese Umgestaltung von der bereits erweiterten Mastaba zur Stufenpyramide ist ein «Quantensprung» in der Geschichte des Königsgrabes und der eigentliche Beginn des Pyramidenzeitalters.

Offensichtlich gab man sich aber mit dieser ersten Pyramide nicht zufrieden, sondern vergrößerte sie zu einer 6-stufigen Py-

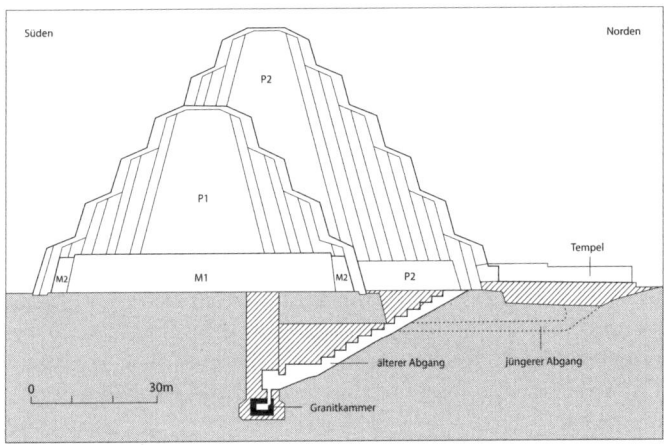

Abb. 2: Schnitt durch die Stufenpyramide des Königs Djoser in Saqqara

ramide (P2) mit 60 m Höhe. Die Grundfläche dieses Bauwerks
mit 121 × 109 m (= 230 × 208 Ellen) Größe stand nun auf einem
Ost-West orientierten rechteckigen Grundriß, so daß korrekter-
weise von der Stufen-Mastaba des Djoser gesprochen werden
müßte. Mit dem Umbau des Königsgrabes erfolgte auch die
Vergrößerung des anfänglich kleiner konzipierten Bezirks auf
eine Fläche von 544 × 277 m (= 285 × 145 Ellen).

Auch die unterirdische Anlage der Stufenpyramide ist das Re-
sultat vielfach geänderter Bauvorgänge. Was wir vorfinden, ist
die granitene Bestattungskammer, die von oben her durch eine
runde Öffnung zugänglich war und nach der Beisetzung mittels
eines etwa 3 t schweren Granitblocks verschlossen wurde. Die
Granitkammer war an allen vier Seiten von Korridoren umgeben, die miteinander verbunden waren. Teile des östlichen
Gangsystems waren mit türkisblauen Fayencekacheln getäfelt,
die das regelmäßige Muster eines Schilfmattengeflechts darstellen. Im östlich gelegenen Korridor dieses Systems waren in der
Westwand drei große Nischen – symbolische Tore – eingelassen
und mit Reliefs versehen, die den im kultischen Ornat gekleide-
ten König laufend darstellten. Dieses Korridorsystem mit den

türkisblauen Wänden und den Nischen symbolisierte in «verkürzter» Form den königlichen Palast mit seiner Mattenverkleidung und den Palasttoren, aus denen der jenseitige Herrscher soeben heraustritt, um nach altem Krönungsritus im Vollzug des rituellen Laufes seinen herrschaftlichen Anspruch auf das Land zu erheben.

Die Darstellungen finden Entsprechung und Ergänzung in den «blauen Kammern» und drei weiteren Nischen der unterirdischen Anlage des sogenannten «Südgrabes» – einer symbolischen zweiten Bestattungsanlage, die an der südlichen Umfassungsmauer des Bezirks errichtet war. Allerdings wurde der Oberbau des Südgrabes, bestehend aus einer langgestreckten Ost-West-orientierten Mastaba, nicht zu einer Stufenpyramide umgebaut.

Anders als die richtige Bestattungskammer unter der Pyramide lassen die Maße der granitenen Kammer des «Südgrabes» eine menschliche Bestattung nicht zu. Dieses Schein- oder Zweitgrab diente wahrscheinlich der rituellen Bestattung der königlichen Lebenskraft, ägypt. *ka*. An diesem Grab orientierten sich die späteren kleinen Nebenpyramiden, die sogenannten Kult-Pyramiden, oft ihrer Funktion entsprechend auch als Ka-Pyramiden bezeichnet, die ab Snofru ein wesentliches Merkmal des Pyramidenbezirks waren.

Djosers Nachfolger, die Könige Sechemchet und Chaba, begannen in Saqqara und Saujet el-ʿArjan (Abb. Karte) ebenfalls Stufenpyramiden – diesmal aber von Anfang an auf quadratischem Grundriß – zu errichten. Ihre Bauwerke blieben jedoch aufgrund zu kurzer Regierungszeiten unvollendet, so daß die weitere Entwicklung des Königsgrabes bis zur Regierung König Snofrus weitgehend ungeklärt bleibt.

Die 4. Dynastie

Die Herkunft der 4. Dynastie (2639–2504 v. Chr.), aus der die Erbauer der großen Steinpyramiden Snofru, Cheops und Chephren hervorgingen, läßt sich nur bruchstückhaft nachvollziehen.

König Snofru, der erste Herrscher dieser neuen Dynastie, trat jedoch gleich als der größte Bauherr der Pyramidenzeit, wenn nicht überhaupt der ägyptischen Geschichte auf. Im Lauf seiner langen Regierungszeit hat er drei große und mindestens drei kleine Pyramiden errichtet. Das verbaute Steinvolumen seiner Pyramiden (ca. 3,8 Mill. m^3) übertraf alle Bauleistungen vor und nach ihm – zum Vergleich: sein Sohn, König Cheops, verbaute «nur» ca. 2,4 Mill. m^3 Steinmaterial.

Der erste nachweisbare Bau Snofrus ist die kleine, massive Stufenpyramide von Seila (Basislänge: 25 m), am östlichen Rand der Fayum-Oase, etwa 10 km von Meidum entfernt gelegen (Abb. Karte). Dieses Bauwerk gehört zu der Gruppe von bisher sieben bekannten Stufenpyramiden, die über ganz Ägypten verstreut angelegt wurden (in Elephantine, Edfu, El-Kula, Ombos, Abydos/Sinki, Saujet el-Meitin und Seila). Die erhaltene Anzahl dieser kleinen Bauwerke ist sicher zufällig und ihre Datierung bis auf die Seila-Pyramide umstritten. Sie alle standen jedoch in der Nähe alter Kultplätze oder wichtiger Verbindungswege. Gemeinsam ist ihnen auch, daß sie weder einen Tempel noch eine unterirdische Anlage besaßen. Als verkleinerte und symbolische Replik des Königsgrabes waren sie – ähnlich der Scheinbauten im Djoserbezirk – steinernes Monument der allgegenwärtigen Macht des herrschenden Königs im gesamten Land.

Die drei großen Pyramiden des Snofru in Meidum und Dahschur lassen die Entwicklung des Pyramidenbaus am Beginn der 4. Dynastie eindrucksvoll nachvollziehen. Ein wesentliches Merkmal der Pyramidenanlagen dieser Zeit ist, daß die Orientierung des Grabbezirks vom ursprünglich Nord-Süd ausgerichteten Grabkomplex der 3. Dynastie zugunsten einer Ost-West-Ausrichtung geändert wurde. Damit sollte die Existenz des jenseitigen Herrschers mit dem ewigen Lauf der Sonne verbunden werden.

Die erste geplante Grabpyramide Snofrus, die den Namen *Djed-Snofru*, «[König] Snofru dauert» trägt, liegt bei Meidum (Abb. Karte) und weist den bauhistorisch wichtigen Übergang von der Stufenpyramide zur echten Pyramide in drei distinkten Bauphasen auf (Abb. 3). Ein erster 7-stufig geplanter Bau war

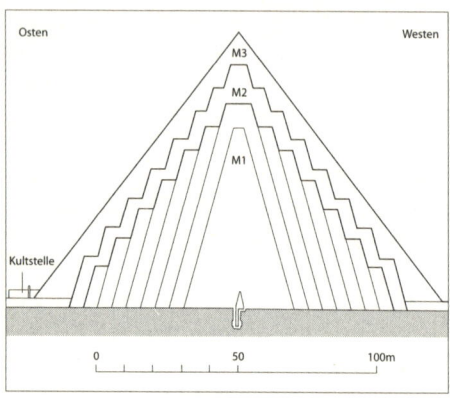

Abb. 3: *Schnitt durch die Meidum-Pyramide*

noch völlig in der Bauweise der Pyramiden der 3. Dynastie konzipiert und begonnen worden. Doch noch vor der Fertigstellung
– die Pyramide dürfte etwa 5 Stufen hoch gewesen sein – wurde
das Monument um eine weitere Steinschale vergrößert und auf
8 Stufen erhöht.

Im letzten Drittel seiner langen Regierungszeit und während
an den beiden anderen Pyramiden in Dahschur gebaut wurde,
entschloß sich Snofru, die Stufenpyramide in eine geometrisch
richtige Pyramide (E3) mit einer Höhe von 92 m umzugestalten
(s. S. 66). Im fertigen Zustand besaß die Pyramide einen Kernbau in der Bauart der 3. Dynastie, umhüllt von der zeitgemäßen
Form einer «richtigen» Pyramide der 4. Dynastie.

Noch deutlichere Neuerungen gegenüber der 3. Dynastie
zeichnen sich in der Substruktur des Bauwerks ab. Der Eingang
in die Pyramide ist nicht im Boden, sondern in der nördlichen
Pyramidenflanke angelegt. Der absteigende Korridor führt
durch das Pyramidenmassiv in den gewachsenen Fels hinunter
und geht dann anschließend in einen horizontalen Gang über,
um schließlich in einem schmalen Schacht zu enden, der senkrecht nach oben wieder in das Pyramidenmassiv zurückführt,
wo die Sargkammer liegt. Diese befindet sich also nicht wie bei
den vorhergehenden Pyramiden tief im Felsen, sondern ist über
dem Boden im aufgemauerten Pyramidenkörper untergebracht.

Um den Druck der sich darüber auftürmenden Baumasse abzuleiten, ist die Kammerdecke nicht flach konstruiert, sondern als
7-stufiges Kraggewölbe hochgezogen.

Trotz der Tatsache, daß Snofru mit der erweiterten Stufenpyramide von Meidum (E2) ein funktionsfähiges Grab besaß, hatte er sich zum Bau einer zweiten Pyramide in Dahschur (Abb.
Karte) entschlossen. Diese ist als «Knickpyramide» bekannt, da
sie aufgrund des geänderten Neigungswinkels im oberen Abschnitt ihre markante Form erhielt. Die Knickpyramide ist – wie
die Pyramide von Meidum – der Endzustand eines langwierigen
Bauprozesses. Hier waren zudem mehrfache Versuche erforderlich, das Königsgrab vor dem Auseinanderbrechen zu bewahren. So ist die Knickpyramide zwar von allen großen Pyramiden
die am besten erhaltene – und doch ist sie zugleich die größte
Bauruine ihrer Zeit.

Ursprünglich war die Knickpyramide als erste im geometri-
schen Sinne richtige Pyramide geplant und begonnen worden.
Doch zum einen bereitete die inhomogene Bodenbeschaffenheit
Schwierigkeiten. Zum anderen verwendete man jetzt größere
Kalksteinblöcke als in der 3. Dynastie, und so kam es durch den
wachsenden Druck des Pyramidenkörpers schon während der
Erbauung zur Deformation des Untergrundes, der nachgab und
zu Setzungen im Bauwerk führte. Darüberhinaus schenkten die
Baumeister einem fugengerechten und präzisen Verlegen der
Blöcke wenig Aufmerksamkeit, wodurch unregelmäßige Hohl-
räume entstanden. Mit zunehmender Höhe lastete das Pyrami-
denmassiv immer stärker und ungleichmäßiger auf dem Kammersystem im Inneren, was zu Rissen in den Korridoren und
Räumen führte.

Als die Schäden trotz etlicher Gegenmaßnahmen nicht mehr zu
beheben waren, legte man um den bereits bestehenden Baukörper eine Steinschale mit geringerem Neigungswinkel, ähnlich
einem Korsett, die das Bauwerk stabilisieren und nach außen
sichtbare Schäden verdecken sollte. Doch der steinerne Mantel
verstärkte nur den Druck im Inneren und führte zu einem weiteren Absacken des Massivs. In einer letzten Rettungsaktion veränderte man schließlich in einer Höhe von etwa 47 m den Bö-

schungswinkel des Bauwerks von 54°31' auf 44°30' und redu-
zierte dadurch die ursprünglich geplante Höhe der Pyramide um
etwa ein Drittel. In diesem Baustadium hatte man die Pyramide
als königliche Bestattungsanlage offenkundig aufgegeben, denn
gleichzeitig wurde bereits an Snofrus dritter Pyramide (der sech-
sten insgesamt), der sogenannten «Roten Pyramide», gearbeitet.

Als weitere Besonderheit hat die Knickpyramide nicht nur
zwei unterschiedliche Neigungswinkel – die bautechnisch erklärbar sind –, sondern auch zwei Gangsysteme, die jeweils zu
einer eigenen Sargkammer führen; dieser Befund ist bis heute
nicht befriedigend erklärbar. Das eine System ist traditionell
von Norden her zugänglich und ähnlich wie das Korridorsystem der Pyramide von Meidum konzipiert. Das zweite Gangsystem ist hingegen von der Westseite her betretbar und liegt
vollständig im errichteten Baukörper der Pyramide. Es hat den
Anschein, als hätte man versucht, zwei Pyramiden und Bestat-
tungssysteme in einem Bauwerk zu vereinen.

Wie schon oben angedeutet, begann Snofru – während er
noch an der Knickpyramide bauen ließ – in seinem 29. Regierungsjahr mit der Errichtung der «Roten Pyramide» in Dahschur, etwa 2 km nördlich der Knickpyramide. Aufgrund des
rötlich gefärbten Kalksandsteins der Blöcke trägt sie die Bezeichnung die «Rote Pyramide», ihr originaler Name lautete
«Erscheinung des [Königs] Snofru». Etwa zur selben Zeit wurden auch die bereits geschilderten Arbeiten an der Meidum-
Pyramide wieder aufgenommen, um sie in eine «richtige» Pyramide (Bauphase E3) umzubauen. Diese Umgestaltung der Meidum-Pyramide wurde, wie erwähnt, vermutlich unternommen,
um die nunmehr altertümlich wirkende Stufenpyramide in eine
geometrisch richtige Pyramide als zeitgemäßes Bauwerk um-
zuwandeln. Die Meidum- und Knickpyramide, als Grabbauten
aufgegeben, wurden nunmehr in Wahrzeichen königlicher Repräsentation umfunktioniert.

Bei der Errichtung der Roten Pyramide ging man mit Bedacht
ans Werk. Man hatte aus den Fehlern der Knickpyramide gelernt
und konnte sich einen weiteren Fehlschlag nicht mehr leisten.
Wie heutige Messungen im Inneren bestätigen, war der Bauplatz

für das neue Grabmal sorgfältig gewählt und hielt dem Gewicht des Bauwerks stand. Die Konstruktion des Korridor- und Kammersystems wurde gegenüber den beiden Vorgängerbauten vereinfacht. Das unterirdische System führt nicht in den Boden, sondern ist vollständig im gemauerten Teil des Bauwerks errichtet. Dies bedeutete einerseits eine beträchtliche Zeitersparnis – der König muß schon über 45 Jahre alt gewesen sein, was bei der damaligen Lebenserwartung die schnelle Fertigstellung des Grabbaus wünschenswert machte –, andererseits vermied man damit den künstlichen Hohlraum als Schwachstelle im Unterbau der Pyramide. Die Pyramide wurde mit den Maßen 220 m (= 420 Ellen) Basislänge und ca. 105 m (= 200 Ellen) Höhe (Neigungswinkel: 45°) rechtzeitig fertiggestellt, und der König konnte in seinem dritten großen Pyramidenbau beigesetzt werden. Der Kulttempel an der Ostseite hingegen blieb unvollendet; beim Tod Snofrus wurde er rasch mit Schlammziegeln fertiggestellt.

Mit König Cheops (2604–2581 v. Chr.), dem Nachfolger Snofrus, erlebte der Pyramidenbau seinen Höhepunkt. Die Sorgfalt bei der Errichtung sowie die überaus exakten Messungen und Ausrichtungen waren Spitzenleistungen der damaligen Architekten, die jetzt bereits auf eine lange Tradition im Pyramidenbau zurückblicken konnten. In einem Zeitraum von 20 bis 25 Jahren errichtete Cheops seinen Grabbezirk in Giza und gab ihm den Namen *Achet-Chufu*, «der [westliche] Horizont des Cheops», wodurch er seine Begräbnisstätte mit dem Ort der im Westen versinkenden Sonne verband.

Das Massiv der Pyramide ruht auf einem natürlich anstehenden Felskern, dessen genaue Höhe bis heute nicht vermessen werden konnte. Durch diese Lage konnte beim Errichten des Baukörpers eine bedeutende Masse an Mauerwerk eingespart werden (Abb. 4). Um diesen Felskern präparierte man das Gelände als ebene Fläche, auf der das äußere Fundamentpflaster der Pyramide gelegt und eingemessen wurde. Dieses ist so exakt nivelliert, daß die größte Höhendifferenz nicht mehr als 21 mm beträgt. Mit derselben Präzision ist die Nordung der Pyramide vorgenommen worden. Bei der Winkelbestimmung weichen die vier Ecken im Mittel weniger als 3 Winkelminuten ab. Die größte Differenz in den Kantenlängen beträgt 3,2 cm (Mittel: 230,36 m = 440 E). Geschätzte 2,4 Mio. m³ Steinmaterial wurden verbaut, die heute fast völlig verschwundene Kalksteinverkleidung miteingerechnet. Der Eingang lag in der 19. Steinlage der Nordflanke (= 17 m Höhe), der Neigungswinkel der Seitenflächen betrug 51°50' (s. S. 51). Als inneren Aufbau der Cheopspyramide vermutet man einen Stufenbau, der allerdings in horizontalen Schichten und nicht, wie in der 3. Dynastie üblich, in Schalen erbaut wurde.

Umstritten ist die Deutung der drei in der Pyramide befindlichen Kammern – Felskammer, Königinnenkammer und Königskammer (Abb. 4). Waren diese von Anfang an geplant, oder sind sie ein Hinweis auf zwei oder mehr aufeinanderfolgende Bauphasen? Über einen schrägen Korridor gelangt man tief in den natürlichen Felsboden unter das Pyramidenmassiv, wo der Korridor über einen horizontalen Gang in eine unvollendete Felskammer führt, die einst verkleidet werden sollte. Etliche Forscher sehen in dieser Kammer die erste und ursprünglich geplante Bestattungskammer des Königs, die jedoch wegen technischer Schwierigkeiten, vor allem wohl Mangel an Sauerstoffzufuhr, aufgegeben werden mußte.

Ein vom Eingangskorridor nach oben abzweigender Gang führt in Richtung des Zentrums des Pyramidenmassivs. Nach etwa 37,7 m stößt er auf den Anfang der Großen Galerie, von deren unterem Ende ein horizontaler Korridor Richtung Süden zur sogenannten Königinnenkammer führt. Die Bezeichnung, die sich aufgrund früherer Fehlannahmen der Forschung eingebürgert hat, ist irreführend, da in diesem Raum keine Königin beigesetzt wurde. Die nahezu rechteckig angelegte Kammer befindet sich exakt in der Ost-West-Achse der Pyramide. Auch wenn nicht mehr eindeutig festzustellen, so wird aufgrund der Position dieser Kammer diese als Aufstellungsort einer Königsstatue gedeutet.

Die Maße und Bauausführung der 46,71 m (fast 90 Ellen) langen «Großen Galerie», deren Deckenkonstruktion aus einem 7-lagigen Kraggewölbe von 8,46 m Höhe besteht, erscheint als

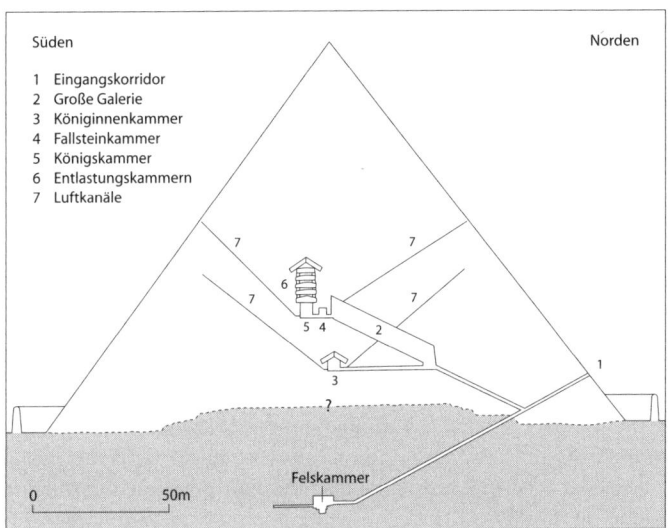

Abb. 4: Schnitt durch die Pyramide des Cheops in Giza

Meisterwerk altägyptischer Baukunst. Die Galerie bildete die Fortsetzung des ansteigenden Korridors, wobei sie neben der Funktion als Verbindungsweg zur königlichen Sarkophagkammer auch der Lagerung von 24 verankerten Blockierungssteinen diente, die nach erfolgtem Begräbnis in den unteren Korridorabschnitt heruntergelassen wurden, wo Blockierungssteine noch in situ gefunden wurden.

In einer Höhe von ca. 43 m über dem Basisniveau der Pyramide endet die Große Galerie fast exakt unter dem Zentrum der Pyramide. Eine kleine Kammer mit drei granitenen Blockierungssteinen bildete den letzten Verschluß vor der Grabkammer des Königs. Diese ist vollständig aus roten Granitblöcken errichtet und weist perfekt geglättete Wände, Decken- und Fußbodenplatten auf. Von der einstmals prächtigen Ausstattung des königlichen Begräbnisses zeugt nur noch eine beschädigte Sarkophagwanne aus Granit in der Westhälfte des Raumes.

Das Dach der Kammer bilden neun fugenlos verlegte und zwi-

schen 25 und 40 t schwere Granitbalken. Über diesen befinden
sich fünf niedere Entlastungskammern, ebenfalls aus großen
Granitbalken errichtet. Die oberste Entlastungskammer ist zusätzlich durch ein Giebeldach aus gewaltigen Kalksteinbalken
gesichert. Vermutlich steht die Sarkophagkammer frei im Pyramidenmassiv, so daß der Druck der darüber lastenden Steinmassen über das bewußt hoch angelegte Giebeldach auf das umlie-
gende Mauerwerk abgeleitet wird, um die königliche Bestattung
nicht zu gefährden.

In der Nord- und Südwand der Königskammer führt je ein
kleiner Kanal von ca. 20 × 20 cm Querschnitt durch das Stein-
massiv an die Außenfläche der Pyramide. Ähnliche Kanäle gehen von der Königinnenkammer ab, doch endet ihr Verlauf im
äußeren Bereich des Pyramidenmassivs. Sie dienten wohl der
Sauerstoffzufuhr zu den Kammern während der Bauarbeiten.

An der Ostseite der Cheopspyramide standen vier kleine
Nebenpyramiden, von denen heute noch drei zu erkennen sind.
Die dem Königsgrab am nächsten gelegene war die Kult-Pyramide (Ka-Pyramide); sie wurde erst vor kurzem entdeckt. Mit
einer bescheidenen Basislänge von 21,75 m (= 41,5 Ellen) und
einer Höhe von etwa 13,8 m (= 26 Ellen) muß sie neben dem
gigantischen Königsgrab recht klein gewirkt haben. Unmittelbar östlich von ihr standen drei Königinnenpyramiden, die aufgrund ihrer größeren Basislängen von durchschnittlich 46 m
(= 88 Ellen), und weil sie denselben Neigungswinkel wie die
Cheopspyramide (51°50') hatten, einst einem Fünftel der Höhe
der Königspyramide entsprachen. Welche von Cheops' zahlreichen Frauen die Ehre hatte, in diesen Königinnenpyramiden bestattet zu werden, ist bis heute nicht mit Sicherheit festzustellen.
In der nördlichsten der drei vermutet man die Grabstätte seiner
Mutter, Königin Hetepheres I.

Der Pyramidentempel an der Ostseite der Cheopspyramide
ist heute fast völlig verschwunden. Anhand kümmerlicher Reste
des originalen Basaltfußbodens und einiger Versatzspuren läßt
sich der einstmals grandiose Bau mit offenem Pfeilerhof und
Granitstützen nur mehr erahnen (Abb. 5). Westlich des Hofes
lag ein langgestreckter Kultraum, in dem mehrere Statuen des

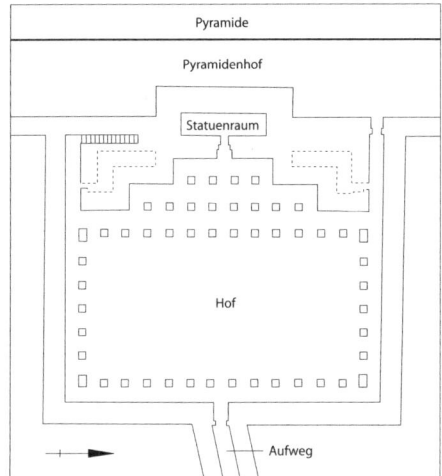

Abb. 5: Rekonstruierter Grundriß des Pyramidentempels des Königs Cheops

Herrschers untergebracht waren. Ein Aufweg verband den Pyramidentempel mit dem Talbau im Fruchtland, der – wiederum haben wir eine Beschreibung Herodots (II. Buch, § 124) – gedeckt und mit Reliefs versehen gewesen sein soll. Davon sind heute nur noch rudimentäre Spuren im Gelände erhalten, während der Taltempel unwiederbringlich unter den Neubauten Nazlet es-Samans, einem Vorort Kairos, verschwunden ist.

Zur Ausstattung des Cheops-Bezirkes gehörten auch fünf Schiffsbestattungen, die entlang der Süd- und Ostseite der Pyramide lagen. Während an der Ostseite von diesen nur mehr leere Gruben existieren, wurde das östliche Boot an der Südseite vor einem halben Jahrhundert geborgen (s. S. 13), während das zweite, vor kurzem erst untersucht, nach wie vor der Freilegung harrt.

Der Sohn und Nachfolger des Cheops, König Djedefre (2581–2572 v. Chr.), trat ebenfalls als Bauherr hervor. Nahe dem modernen Ort Abu Roasch, 8 km nördlich von Giza (Abb. Karte), ließ er auf einer markanten Erhebung seine Grabanlage mit dem Namen «Sternenzelt des [Königs] Djedefre» errichten. Platzwahl

und Form des Pyramidenbezirks sowie die Art des Pyramidenbaus stellen Neuerungen gegenüber den unmittelbaren Vorgängerbauten dar, wie auch Rückgriffe auf die wesentlich älteren
Pyramiden der 3. Dynastie. Anders als beim Pyramidenbau seines
Vaters wurde die Sargkammer nicht im Pyramidenmassiv, sondern wieder tief im Felsen angelegt, indem man die Grabräume
in einem offenen, T-förmigen Schacht konstruierte. Die Verkleidung des Korridors und der Aufbau der Grabkammer im Schacht
bestanden aus großen Granitblöcken. Über diesem unterirdischen Bau erhob sich das Pyramidenmassiv, das nach neuesten
archäologischen Untersuchungen vollendet gewesen sein dürfte
und etwa der Größe der Mykerinospyramide (s. S. 74 ff.) ent-
sprach. Heute ist von der Pyramide fast nichts erhalten, da sie
bis ins 19. Jahrhundert als Steinbruch diente. Die Vollendung
der Gesamtanlage wurde wahrscheinlich durch den Tod des
Herrschers unterbrochen, da Magazine, Kapellen und andere
Tempelteile in Ziegelbauweise fertiggestellt wurden, um den
Kultbetrieb zu gewährleisten.

Vom bisher unerforschten Taltempel im Norden führte ein
1500 m langer Aufweg – einer der längsten des Alten Reiches –
über den flacheren Abhang heran, um den steilen Felsabbruch
an der Ostseite zu umgehen. Der Pyramidenbezirk ist in Anlehnung an das Djosergrabmal in Saqqara wieder Nord-Süd ausgerichtet. In der Südwestecke stand die Kult-Pyramide des Königs,
und Grabungen eines schweizerisch-französischen Archäolo-
genteams entdeckten vor kurzem Reste einer Königinnenpyramide an der Südostecke. Der Grundriß des nur in Schlammziegeln errichteten Tempels an der Ostseite der Königspyramide ist
aufgrund der starken Zerstörung kaum zu rekonstruieren.

Als Nachfolger des Djedefre bestieg nicht einer seiner Söhne,
sondern sein Halbbruder Chephren (2572–2546 v. Chr.) den
Thron. Dieser wählte als Standort für sein Grabmal wiederum
Giza, wo er sich südwestlich der Pyramide seines Vaters Cheops
eine erhöhte Stelle für seinen Grabbau aussuchte. Die um 15 m
kürzere Seitenlänge seiner Pyramide (215,3 m = 410 Ellen) wurde durch einen steileren Böschungswinkel von 53°10' wettge-

macht, so daß eine Höhe von 143,9 m erreicht und das große Vorbild um nur 3 m verfehlt wurde. Durch die bessere Lage scheint die Chephrenpyramide die des Cheops dennoch zu überragen. Dieser optische Eindruck war von den Architekten sicher bewußt angestrebt worden, denn die Pyramide trug den Namen «Chephren ist der Größte» und sollte den Vorgängerbau übertreffen.

Das Korridor- und Kammersystem ist gegenüber der Cheopspyramide auffällig einfach. So gab es immer wieder Spekulationen über noch unentdeckte Räume, doch alle Versuche, diese zu lokalisieren, blieben bisher erfolglos. Da das bekannte Korridorsystem aber alle notwendigen Bestandteile eines Pyramideninneren dieser Zeit enthält, gibt es nach den Befunden der Bauforschung keinen Grund, nach weiteren Räumen zu suchen. Wahrscheinlich ist die Vereinfachung mit dem fortgeschrittenen Alter des Besitzers zu erklären, das eine rasche Fertigstellung des Grabbaus wünschenswert erscheinen ließ.

Auffällig ist auch, daß die Pyramide zwei Eingänge an der Nordseite hat, von denen einer im Boden vor der Nordkante liegt, während sich der zweite und sicher später entstandene Eingang in der Nordflanke des Bauwerks befindet. Vielleicht hatte man ursprünglich geplant, die Pyramide 30 m weiter nördlich oder sogar auf allen Seiten um 30 m größer zu errichten – in letzterem Fall hätte sie die Maße der Cheopspyramide tatsächlich übertroffen und wäre ihrem Namen nicht nur dem optischen Eindruck nach gerecht geworden.

Im Inneren des Bauwerks vereinigen sich die beiden Eingangskorridore und führen geradewegs zur Grabkammer. Diese liegt im natürlich anstehenden Fels des Plateaus eingesenkt und sollte vielleicht ursprünglich mit Granitplatten verkleidet werden. Der granitene Sarkophag stand im Kammerboden vertieft; von der königlichen Bestattung war nichts mehr erhalten. Die Decke der Sarkophagkammer besteht aus einem mächtigen Giebeldach aus Kalksteinplatten, die den Druck des Pyramidenmassivs auf den die Kammer umgebenden Fels ableiten.

So einfach die innere Gestaltung der Chephrenpyramide ist, so monumental und komplex sind die zur Pyramide gehörigen Kultbauten. An der Ostseite der Pyramide, mit dieser aber nicht direkt verbunden, liegt der Pyramidentempel, erbaut aus gigantischen Kalksteinblöcken mit bis zu 400 t Gewicht. Die Raumwände waren einst mit Kalkstein und Rosengranit aus Assuan verkleidet. Der Fußboden bestand größtenteils aus Alabasterplatten. Gegenüber dem einfach wirkenden Tempelbau des Cheops mit Pfeilerhof und Kultraum (Abb. 5) hat sich die Anzahl der Räume im Chephrentempel vervielfacht und der Tempelbau insgesamt entsprechend vergrößert. Der gesamte Tempel, in dem die einzelnen Kulträume, Magazine und Hallen angelegt waren, wirkte wie ein undurchdringbarer massiver Block.

Pyramiden- und Taltempel waren durch einen 500 m langen, gedeckten und farbig dekorierten Aufweg verbunden. Der Aufweg selbst ist heute nur mehr an seiner Rampe erkennbar, aber im Taltempel haben die 16 monolithen Granitstützen die Jahrtausende überdauert. Raumwände, Decken und Fußböden bestanden aus glattpolierten Granitplatten ohne Darstellungen und müssen einst eine beklemmende Atmosphäre des Erhabenen und Undurchdringbaren erzeugt haben. Im Taltempel standen einst mindestens 23 exzellent gearbeitete Sitzstatuen des Königs. Einige von ihnen wurden Mitte des 19. Jahrhunderts entdeckt und sind heute im Museum in Kairo zu bewundern. Sie zählen zu den Meisterwerken ägyptischer Bildhauerkunst jener Epoche.

Ein weiteres – kolossales – Meisterwerk wurde ebenfalls unter Chephren erschaffen (obwohl es neuerdings auch Stimmen gibt, die Cheops als Urheber erkennen möchten): der Sphinx, ein gigantischer, 75 m langer Löwenleib aus Stein, dessen Kopf das Antlitz des Herrschers trägt, liegt nordwestlich vom Taltempel des Königs. Er ist steinerner Wächter und Symbol des ewigen Königtums.

Etwa 450 m südwestlich der Chephrenpyramide wurde die dritte und kleinste Königspyramide in Giza errichtet, die des Mykerinos (2539–2511 v. Chr.). Die Reduzierung der Pyramidenmaße (Basis: 104,6 m = 199 Ellen, Höhe: 65,6 m) wurde durch die extensive Verwendung von wertvollem roten und schwarzen Granit als Baumaterial ausgeglichen, mit dem Teile der Pyra-

mide und der Tempel ausgestattet waren. Die Verkleidung der
Pyramide bestand in den unteren 16 Steinlagen aus großen
Blöcken von Rosengranit aus Assuan. Die darüber befindlichen
Blöcke der Verkleidung bis unter die Spitze, die vielleicht wieder
aus Granit bestand, waren hingegen aus weißem Turakalkstein.

Die Repräsentation des Königtums verlagerte sich während
der 4. Dynastie von der gigantischen Masse der Pyramiden auf
die betretbaren Räume der Tempelanlagen mit ihren immer
zahlreicheren Statuen, den Reliefs und dem täglich durchzuführenden Kult. Das göttliche Königtum als Amt war zwar geblieben, doch hatte der König seine unsterbliche, gottähnliche Stellung eingebüßt. Diesem Wertverlust sollte durch aufwendigeren
Kult entgegengewirkt werden.

Das Gang- und Kammersystem im Inneren der Mykerinospyramide ist so komplex, daß einige Forscher annehmen, es habe
sich ursprünglich um zwei unterschiedliche Bauprojekte gehan-
delt. Wie in der Chephrenpyramide existieren zwei Eingangskorridore, die beide in eine Vorkammer führen. Der höhergele-
gene Korridor endet allerdings blind im Mauerwerk. Er wird als
erster Eingangs- oder Konstruktionskorridor einer anfangs vielleicht kleiner geplanten Pyramide gedeutet. Der eigentliche Eingang in die Pyramide liegt knapp 4 m über dem Boden an der
Nordseite, führt schräg in den Felsen hinunter und passiert eine
Kammer mit umlaufender archaisierender Nischendekoration
an den Wänden. Danach stößt er auf eine weitere Kammer mit
drei Fallsteinen, bis er in der bereits erwähnten Vorkammer endet. Da diese im Westen alkovenartig erweitert ist und im Boden
eine rechteckige Vertiefung zur Aufnahme eines Sarkophages
aufweist, wird von manchen Bauforschern vermutet, sie sei ursprünglich als Sargkammer geplant gewesen.

Bisher einmalig in der Geschichte des Pyramidenbaus, führt
von der Mitte dieser Vorkammer ein schräger Korridor mit
Granitverkleidung nach Westen tiefer in den Felsen hinunter.
Nach dem Passieren einer weiteren Blockierungsvorrichtung
und einem nach Norden abgehenden Gang mit sechs roh aus
dem Fels geschlagenen Felsnischen, wird die eigentliche granitene Sargkammer mit Scheingewölbe aus ausgekehlten Blöcken

erreicht. Diese war altertümlich wie die Kammern in der Mei-
dum- und Knickpyramide Nord-Süd ausgerichtet und nicht,
wie seit der Roten Pyramide für das gesamte Alte Reich ver-
bindlich, Ost-West orientiert. An der Westwand stand einst ein
nischengegliederter Granitsarkophag, der bei dem Versuch, ihn
im 19. Jahrhundert nach England zu schaffen, mit dem Trans-
portschiff vor dem Golf von Biscaya versank.

Mykerinos hatte seinen Pyramidentempel, Aufweg und Taltempel vor der Ostseite der Pyramide grandios und monumental
geplant und begonnen. Er starb aber vor der Fertigstellung des
Baus. Der gesamte Tempelkomplex wurde daraufhin unter Ab-
änderungen und Vereinfachungen soweit in Ziegeln fertiggestellt,
daß der notwendige Kultbetrieb aufgenommen werden konnte.

Der Grundriß des Pyramidentempels orientierte sich am Bau
des Cheops (Abb. 5). Die charakteristische Pfeilerstellung fehlt
allerdings, lediglich der gestaffelte Portikus im Westen wurde
errichtet. Statt der Pfeiler besaß der Hof eine umlaufende Nischengliederung, die einen archaisierenden Festhof oder Götter-
palast andeuten sollte. Ein im Westen gelegener, langgestreckter
Raum in der Tempelachse beherbergte eine Königsstatue sowie
vielleicht eine Götterbarke. Erstmals wurde auch unmittelbar
an der Ostseite der Pyramide ein kleiner granitener Kultbau für
das Totenopfer des verstorbenen Königs angebaut.

An der Südseite der Mykerinospyramide erheben sich drei kleine Nebenpyramiden für die königlichen Frauen. Die östliche davon war in Form einer echten Pyramide erbaut und sollte anfangs
dem König als Kult-Pyramide dienen. Später änderte man jedoch
ihre Funktion, stellte in der erweiterten Kammer einen Granitsarkophag auf und erbaute an der Pyramidenostseite einen Tempel aus Schlammziegeln. Die beiden westlichen Königinnenpyramiden waren hingegen in altertümlicher Form als Stufenpyramiden erbaut. Ihre einstigen Besitzerinnen sind unbekannt.

König Schepseskaf (2511–2506 v. Chr.), der Nachfolger des Mykerinos und letzter Herrscher der 4. Dynastie, verließ endgültig
die alte Königsnekropole in Giza. Die Zeit der monumentalen
Pyramidenbauten war mit seiner Herrschaft für immer vorbei.

Sein Grabmal mit dem Namen «Die kühle Stätte des [Königs] Schepseskaf» wurde in Saqqara-Süd nicht in Form einer Pyramide, sondern als gigantische Mastaba mit einer Basis von 99,6×74,4 m (= 190×140 Ellen) errichtet. Unter der arabischen Bevölkerung trägt sie die Bezeichnung *Mastaba el-Faraun* «Sitz des Pharao». Das Bauwerk stellt ein wichtiges Bindeglied in der Entwicklung des Königsgrabes jener Zeit dar. Während der Oberbau der Form nach ein archaisches Palastgrab der ersten beiden Dynastien imitierte, war das unterirdische Korridor- und Kammersystem in Anlehnung an die Pyramideninnenräume konzipiert, um den aktuellen Jenseitsvorstellungen zu entsprechen.

Anders als die Pyramiden besaß die Mastaba keinen eindrucksvollen Tempelkomplex an der Ostseite, sondern einen bescheidenen Kultbau, der im Gegensatz zu den Vorgängerbauten architektonisch direkt mit dem Grabmal verbunden war: Grabmonument und Kultanlage verschmelzen nun zu einer untrennbaren Einheit.

In diesem Kultbau war ein eigener Raum für den Vollzug des königlichen Totenopfers eingerichtet, der in den früheren Pyramidentempeln noch fehlte. Dieser Raum besaß an der Westwand eine Scheintür, die den Schnittpunkt zwischen Diesseits und Jenseits markierte, wo die Seele des toten Herrschers zum Empfang der täglichen Opfergaben heraustreten konnte.

Auch wenn die nachfolgenden Herrscher wieder zum Bau von Pyramiden zurückkehrten, der Totenopferraum mit der Scheintür an der Westwand blieb von nun an unentbehrlicher Bestandteil der Anlage. War der König in alter Zeit a priori aufgrund seiner Stellung und seines Amtes göttlich, mußte er nun wie jeder Sterbliche einen Totenkult in Form einer täglichen Versorgung empfangen.

Die 5. Dynastie

Um die Profanisierung aufzuhalten und das Königtum zu sichern, suchte man nach neuen Möglichkeiten, die jenseitige Existenz des Herrschers als Gott herauszustellen.

Userkaf, der erste Herrscher der 5. Dynastie (2504–2347

v. Chr.), erbaute zwar – wie oben angesprochen – wieder eine
Pyramide als Grabmal, doch ließ er sich nördlich von Abusir ein
zusätzliches Monument errichten, das unter dem Namen «Sonnenheiligtum» Eingang in die Forschung fand: Mit dem Beginn
der neuen Dynastie wurde also der solare Aspekt im Zusammenwirken mit dem Königskult so wichtig, daß dafür ein eigenes Gebäude errichtet wurde. Von nun an war auch der Titel
«Sohn des Re» untrennbar mit der königlichen Titulatur verbunden. Der König war zu Lebzeiten nicht Gott, sondern Sohn
des Sonnengottes, zu dem er nach dem Tod wieder zurück-
kehrte. Sonnenheiligtum und Pyramidenbezirk bildeten nun
den architektonischen Rahmen, um dem Sonnengott Re in Gemeinschaft mit seinem «Sohn», dem verstorbenen König, die
Jenseitsreise (Regeneration) zu ermöglichen.

Die Sonnenheiligtümer waren ähnlich wie Pyramidenanlagen
konzipiert und bestanden aus einem Talbau am Fruchtlandrand, einem Aufweg und einem Kultkomplex mit offenen Höfen, Altar und Opferbecken auf dem Wüstenplateau. Das zen-
trale Element dieser Anlage war aber keine Pyramide, sondern
ein gigantischer, auf einem Sockel gemauerter Obelisk.

Diese neuen Heiligtümer dienten als Totentempel für den täglich am westlichen Horizont untergehenden, also sterbenden
Sonnengott Re, der sich während der Nacht regenerierte und
morgens als verjüngter Gott am Osthimmel wieder erstrahlte.
Was später in den Pyramidentexten schriftlich formuliert wurde, war hier bereits in Architektur geformt.

Sechs solcher Heiligtümer sind aus Inschriften bekannt, doch
wurden bisher nur zwei gefunden, die der Könige Userkaf und
Niuserre (Abb. 6). Es bleibt offen, warum nur die ersten sechs
Herrscher dieser Dynastie solche Bauten errichteten, während
ihre Nachfolger offenbar wieder darauf verzichteten.

Userkaf ließ seinen Pyramidenbezirk «Rein sind die Stätten
des Userkaf» in unmittelbarer Nähe zur altehrwürdigen Djoser-
anlage in Saqqara errichten, wodurch auch ein bewußtes An-
knüpfen an das Königtum der 3. Dynastie zum Ausdruck kommen sollte. Vordergründig griff der Herrscher zwar auf die Bauform der Pyramide und mit der Nord-Süd-Ausrichtung seines

Grabkomplexes sogar auf die Grabbezirke der 3. Dynastie zurück, doch läßt seine Anlage auch tiefgreifende Veränderungen
erkennen.

Die Pyramide war nun wesentlich kleiner als die Bauwerke
der vorhergehenden Dynastie (Basis: 73,3 m [=140 Ellen], Höhe:
49 m [= 94 Ellen]). Der Verehrungstempel wurde von der Ostseite, wie bisher üblich, an die Südseite der Pyramide verlegt.
An der Ostseite der Pyramide war lediglich eine kleine dreiräu-
mige Kapelle verblieben, in deren mittlerem Raum mit Scheintür und Altar das tägliche Totenopfer vollzogen wurde. Die
lokale Trennung des Verehrungs- und Totenopfertempels ak-
zentuierte ihre unterschiedlichen Funktionen in bezug auf den
Königskult. Der Grundriß des Verehrungstempels wurde in Anlehnung an den des Cheopstempels in Giza errichtet, wodurch
eine spezielle Betonung des Königskultes angestrebt wurde.
Während im offenen Pfeilerhof einst eine überlebensgroße Sitz-
statue des Königs stand (der hervorragend gearbeitete Kopf befindet sich heute im Museum in Kairo), waren, wie im Cheops-
tempel (Abb. 5), in einem schmalen Kultraum fünf Königsstatu-
en in je einer Kapelle aufgestellt.

Das unterirdische Gangsystem der Userkafpyramide ist einfach angelegt. Durch Steinraub ist es heute stark zerstört. Der
Eingangskorridor führt ca. 8 m unter die Oberfläche in den Fels
und anschließend horizontal in die Vorkammer, die zentral unter der Pyramide liegt. In der Mitte des horizontalen Ganges
versperrte ein mächtiger Fallstein den Weg. Von der Vorkammer erreichte man die westlich gelegene Sarkophagkammer.
Beide Räume waren mit Kalkstein ausgekleidet und hatten ein
Giebeldach aus Kalksteinblöcken. Die unterirdischen Kammern wurden über einen offenen Schacht im Felsinneren konstruiert.

Südlich der Anlage Userkafs steht ein kleiner eigenständiger
Pyramidenbezirk für seine Gemahlin, Königin Neferhetepes. Es
ist die älteste Königinnenpyramide, die eindeutig mit dem Namen der Eigentümerin verbunden werden kann. Die Kultanlage
war zwar auf die wichtigsten Räume reduziert, die erhaltene
Architektur zeigt jedoch unmißverständlich, daß das Grab der

Königin an das Königsgrab angeglichen wurde: Ihre Sargkammer war ebenfalls von einem großen Giebeldach aus Kalkstein gedeckt, wie man es sonst nur in den Königspyramiden kennt.

Unter König Sahure (2496–2483 v. Chr.), dem Sohn und Nachfolger des Userkaf, entsteht der Prototyp aller weiterer Pyramidenbezirke, der auch noch die königliche Grabarchitektur des Mittleren Reiches (2119–1794 v. Chr.) beeinflußte. Südlich des Sonnenheiligtums seines Vaters wählte Sahure das Wüstenplateau beim heutigen Dorf Abusir als Standort seines Grabkomplexes. Seine vier unmittelbaren Nachfolger, die Könige Neferirkare, Neferefre, Schepseskare und Niuserre ließen ihre Grabbauten ebenfalls dort errichten, so daß man erstmals in der Geschichte der Pyramiden von einem königlichen Familienfriedhof sprechen kann (Abb. 6).

Sahure orientierte sich beim Bau seines Pyramidenbezirks nicht mehr an der Formensprache der 3. Dynastie, sondern griff auf die Ost-West-Ausrichtung der 4. Dynastie zurück. Die räumliche Trennung von Verehrungstempel und Totenopfertempel wurde ebenfalls aufgegeben und beide Tempelteile in einem Baukörper an der Ostseite der Pyramide architektonisch vereint. Daß auf die Unterscheidung der beiden Kultanlagen jedoch weiterhin Wert gelegt wurde, beweist ein kurzer Treppenaufgang, der vom tiefer liegenden Verehrungstempel zum höher gelegenen Totenopfertrakt führte.

Sahures Anlage trug den Namen «Der Ba [eine Seelenform] des [Königs] Sahure erscheint». Sie zeichnet sich durch die Verwendung mannigfaltiger Gesteinsarten und besonders feiner Reliefs aus, die in dieser Zeit ihren künstlerischen Höhepunkt erreichen. Nach Fertigstellung der Anlage muß das Bauwerk einen grandiosen und farbenprächtigen Eindruck geboten haben, den man sich angesichts des heutigen Trümmerfeldes kaum mehr vorstellen kann. Die Fußböden bestanden aus glänzend poliertem Kalkstein oder Alabaster. Türrahmen, Säulen und Architrave waren aus rotem Granit gefertigt, und die meisten Wände hatten einen Sockel aus schwarzen Basalt-Orthostaten, über denen sich die lebensvollen Szenen der bemalten Kalk-

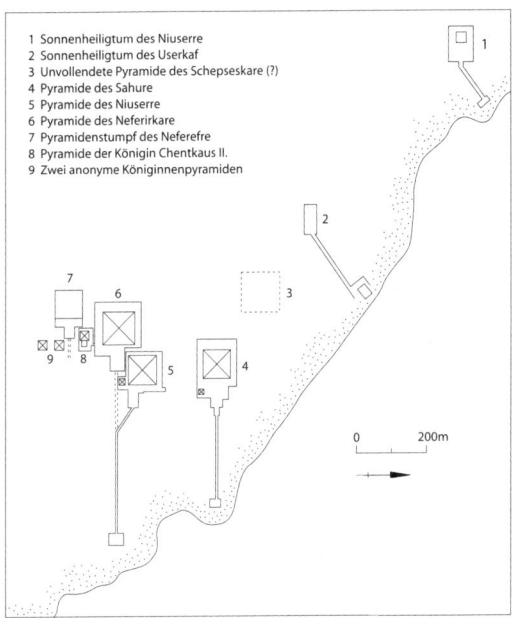

1 Sonnenheiligtum des Niuserre
2 Sonnenheiligtum des Userkaf
3 Unvollendete Pyramide des Schepseskare (?)
4 Pyramide des Sahure
5 Pyramide des Niuserre
6 Pyramide des Neferirkare
7 Pyramidenstumpf des Neferefre
8 Pyramide der Königin Chentkaus II.
9 Zwei anonyme Königinnenpyramiden

0   200m

Abb. 6: Plan der Nekropole von Abusir mit den Sonnenheiligtümern und Pyramidenanlagen der 5. Dynastie

steinreliefs erstreckten. Die Decken zeigten das Sternenmuster auf dunkelblauem Hintergrund.

Der Taltempel besaß eine frontal geöffnete Säulenvorhalle sowie einen später angefügten zweiten Monumentaleingang an der Südseite. Über den gedeckten und reliefdekorierten Aufweg erreichte man den Pyramidentempel. Nach Durchschreiten des ersten Raumes (vgl. Abb. 7, ägypt.: *per-weru* = «Haus der Großen») gelangte man in den Hof, dessen Mittelpunkt der für die Weihe der Opfergaben bestimmte Altar bildete. Statt der üblichen Granitpfeiler wurden in Sahures Hof zum ersten Mal granitene Pflanzensäulen in Form von Palmen aufgestellt. Bis zum Ende der 5. Dynastie bleibt die Pflanzensäule nun charakteristischer Bestandteil der Pyramidenbezirke. Lediglich die Säulenform wird von Regierung zu Regierung mit der sogenannten Papyrusbündelsäule variiert; am Beginn der 6. Dynastie wurde diese spezielle Säulenform wiederum von Pfeilern verdrängt.

Auch wenn die wechselnde Verwendung der verschiedenen
Stützenformen – Pflanzensäule oder Pfeiler – oder der unterschiedlichen Gesteinsarten in der Tempelarchitektur noch Fragen aufwirft, so handelt es sich hierbei nicht um bloße ästhe-
tische Spielerei. Der schwarze Basaltfußboden und die Pflanzensäulen aus Granit waren symbolische Wiedergaben der
fruchtbaren schwarzen Erde, aus der die Vegetation sproß. Die
granitenen oder basaltenen Wandorthostaten stellen das Papy-
rusdickicht dar, über denen in bunten Wanddarstellungen das
Königtum symbolisch in Szene gesetzt war. Die Decken wurden
mit dem nachtblauen Sternenhimmel versehen, der die Architektur aufheben und das unbegrenzte Firmament über der Vegetation des Landes darstellen sollte. Der Tempel war eine verkleinerte und abstrahierte Umsetzung der Welt im Augenblick der
Erschaffung, des «Ersten Males» wie dies die Ägypter nannten.
Mit seiner Ausstattung bildete er das Gehäuse eines magischen
Mikrokosmos, der den Weltenlauf verewigte.

Vom Hof nach Westen schreitend, gelangte man zur bereits
erwähnten Treppe, die in den erhöht liegenden Totenopferbe-
reich führte und den Eintretenden auf die Bedeutung dieses
Tempelabschnittes aufmerksam machte. Der erste Raum war
der Kapellenraum und seiner Wichtigkeit gemäß mit Alabaster-
fußboden, Wänden aus Rosengranit, Türrahmen aus schwar-
zem Granit und doppeltem Torflügel aus Holz mit Metallbe-
schlägen ausgestattet. Seine Westfront bildeten fünf verschließ-
bare Kapellen, in denen je eine Königsstatue untergebracht war.
Die fünf Figuren stellten den Herrscher in unterschiedlichen Erscheinungsformen dar – als König von Oberägypten, als König
von Unterägypten, der König als Osiris und in zwei weiteren,
bisher nicht identifizierten Darstellungen –, die den täglichen
Kult empfingen. Über zwei weitere Räume – dem *vestibule* und
der *antichambre carrée* im Süden (Abb. 7) – gelangte man
schließlich in das Allerheiligste, den Totenopferraum. Auch in
diesem Raum war die Ausstattung prächtig. Die Fußbodenplatten waren aus blankpoliertem Alabaster, die Decke des Raumes
war gewölbt und mit Sternen dekoriert. Ein eigenes Becken zum
Auffangen von Flüssigkeit war an ein System aus unter dem

Pflaster verlegten Kupferrohren angeschlossen. Dieses weitläufige Rohrsystem durchzog den Tempel mit einer Länge von 380 m. Über dem Wandsockel aus Basalt leuchteten Opferszenen im dunklen Dämmerschein der Lampen. Die Westwand bildete die mit Elektron – einer Legierung aus Gold und Silber – überzogene granitene Kapellenfassade, die den magischen Übergang vom Diesseits zum Jenseits markierte. Vor ihr stand ein Opferaltar, ebenso wie eine Königsstatue als Kultempfänger.

Die Sahurepyramide fügt sich mit ihren bescheidenen Maßen (Basis: 78,75 m [= 150 Ellen] und Höhe etwa 47 m [90 Ellen]) in die Entwicklung der Königsgräber dieser Zeit, zeigt jedoch bei der Errichtung der Grabräume eine bemerkenswerte und zukunftsweisende Neuerung: Während des Aufmauerns des Pyramidenmassivs der unteren Lagen des Pyramidenkörpers beließ man eine T-förmige Bresche im Mauerwerk, in die der Grabkorridor und die Sargkammer konstruiert wurden. Auch in diesem Fall hoffte man, durch Vereinfachung beim Bau der Korridore die Fertigstellung der Pyramide zu beschleunigen. Dafür wurde in Kauf genommen, daß der Baukörper aufgrund der später zu vermauernden Lücke im Massiv keine homogene Einheit bildete und damit bautechnisch ein instabiler Faktor war. Auch der Grundriß des Gangsystems stellt eine weitere Vereinfachung gegenüber den älteren Pyramiden dar. Es besteht aus einem schrägen Eingangskorridor, einer Gangkammer, einer Fallsteinvorrichtung, einem horizontalen Gangstück, einer Vorkammer und der Sargkammer, die annähernd unter dem Zentrum der Pyramide liegt.

Die Pyramide des Königs Neferirkare (2483–2463 v. Chr.), Sahures Nachfolger, wurde nicht vollendet, sehr wohl hingegen sein Sonnenheiligtum, das laut Überlieferung das größte und bedeutendste seiner Art war. Allerdings ist es bis heute unentdeckt geblieben. Seine Pyramide sollte die größte der Abusir-Nekropole werden, doch wurde sie wie Taltempel, Aufweg und Pyramidentempel nie vollendet. Die Pyramide läßt zwei deutliche Bauphasen erkennen: Anfangs war eine «altertümliche» Stufenpyramide mit sechs Stufen vorgesehen, doch wurde dieses

Projekt anscheinend bald abgebrochen, die Pyramide vergrößert und zu einer echten Pyramide umgewandelt. Da auch dieses Vorhaben – vermutlich beim Tod Neferirkares – eingestellt
wurde, blieb die Rosengranitverkleidung der zweiten Bauphase
unfertig.

Neferirkares Gemahlin, Königin Chentkaus II., war die Mutter der beiden nachfolgenden Herrscher Neferefre und Niuserre, die einander unmittelbar auf dem Thron folgten. Die ihr
zugedachte Pyramidenanlage unmittelbar an der Südseite der
Neferirkarepyramide konnte während der Herrschaft ihres Ge-
mahls ebenfalls nicht fertiggestellt werden und wurde erst von
ihrem jüngeren Sohn Niuserre vollendet.

Der ältere Sohn Neferirkares, König Neferefre (2456–2445
v. Chr.), regierte nur kurze Zeit und starb im Alter von etwa
25 Jahren, wie der Befund seiner vor kurzem entdeckten sterblichen Überreste nahelegt. Wie seine Vorgänger begann auch er
ein Sonnenheiligtum zu errichten; auch dieses ist bis heute unentdeckt. Sein Pyramidenbau südwestlich der Grabanlage seiner Mutter (Abb. 6) blieb in der Anfangsphase der Errichtung
stecken und wurde von seinem jüngeren Bruder Niuserre unter
Abänderung des Baukonzepts vollendet. Seine Pyramide trägt
heute die Bezeichnung «Die unvollendete Pyramide von Abusir»,
womit auf die etwa 7 m hohe erste Stufe des Kernbaus aus grob
bearbeiteten Blöcken Bezug genommen wird. Ihr altägyptischer
Name lautete «Göttlich sind die Seelen des [Königs] Neferefre».
Das Königsgrab besaß die Form einer abgestumpften Pyramide
und wurde in den Verwaltungsdokumenten des Abusirarchivs
Iat, «der Hügel», genannt. Vor kurzem gelang es dem tschechischen Archäologenteam, in die Sargkammer vorzudringen
und diese freizulegen. Man stieß dort auf Fragmente eines Sarkophages aus Rosengranit sowie auf Skelettreste eines jungen
Mannes.

König Niuserre (2445–2414 v. Chr.), der so viel für die Grabanlagen seiner Vorgänger und die seiner Mutter getan hatte, fand
keinen günstigen Bauplatz mehr für seine eigene Pyramide. Er

mußte sie zwischen die des Neferirkare im Süden und des Sahure im Norden «hineinzwängen» (Abb. 6). Aufgrund des Platz-
mangels mußten die Architekten auch den axialen Grundriß des
Pyramidentempels aufgeben und den Verehrungstempel gegenüber dem Totenopfertempel etwas nach Süden versetzen, so daß
der Tempelgrundriß eine abgetreppte Form erhielt. Für die Errichtung seines Aufweges verwendete Niuserre die alte Rampe
zur Pyramide seines Vaters Neferirkare, die er dann zu seinem
Tempel umleitete.

Pyramide und Innenräume folgen in Maß und Form dem her-
ausgebildeten Schema der Vorgängerbauten. Vor- und Grabkammer waren aus Kalkstein und mit einem dreifachen Giebeldach aus enormen Steinblöcken von bis zu 10 m Länge und 90 t
Gewicht erbaut, um den Druck der Steinmassen umzulenken.

Niuserre war der letzte Herrscher, der in Abusir eine Pyramide
errichten ließ. Sein Nachfolger, König Menkauhor (2414–2405
v. Chr.), von dem nur wenig überliefert ist, erbaute eine Pyramidenanlage mit dem Namen «Göttlich sind die Stätten des [Kö-
nigs] Menkauhor» sowie ein Sonnenheiligtum; beide Bauwerke
sind allerdings nur aus Inschriften bekannt.

Menkauhors Nachfolger, König Djedkare-Isesi, regierte fast vier
Jahrzehnte (2405–2367 v. Chr.) und ließ sich einen eindrucksvollen Pyramidenbezirk auf einem beherrschenden Hügel in
Saqqara-Süd errichten. Von seiner Pyramide mit dem Namen
«Schön ist [die Pyramide des Königs] Isesi» ist nach dem Steinraub der vergangenen Jahrhunderte heute ein kaum 24 m hoher
Steinhügel geblieben. In der geplünderten unterirdischen Anlage fand man noch die Teile eines mumifizierten Mannes von
etwa 50 Jahren, die man für die sterblichen Überreste des Herrschers hält. Das würde allerdings bedeuten, daß dieser König
sehr jung auf den Thron gekommen sein muß.

Der Raumbestand im Inneren der Pyramide wurde gegenüber
den Vorgängeranlagen um eine Einheit erweitert, die nun für
alle folgenden Pyramideninnenräume fester Grundbestand
blieb, den «Serdab». Dieser Raum wurde östlich der unter dem
Pyramidenzentrum liegenden Vorkammer mit drei Nischen an-

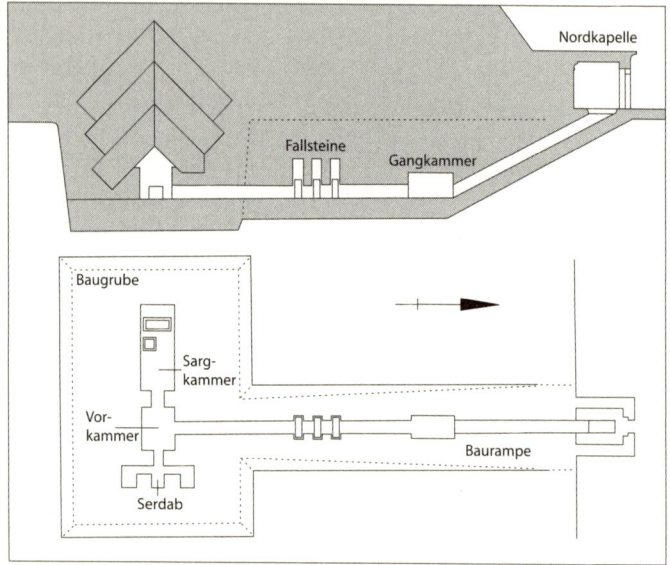

Abb. 7: Schematischer Plan und Aufriß einer unterirdischen Anlage der späten 5. und der 6. Dynastie

gelegt (Abb. 7). Seine Funktion ist bis heute umstritten, und die Bezeichnung «Serdab» – also ein unzugänglicher Raum zur Unterbringung von Statuen – ist strittig. Ebensogut könnte er als Magazin für bestimmte rituelle Geräte der Jenseitsausstattung des Königs gedient haben.

An der Nordseite der Pyramide und über der Mündung des Eingangskorridors findet man eine weitere Neuerung. Zum ersten Mal sind dort die architektonischen Reste einer Nordkapelle nachgewiesen. Hierbei handelt es sich um eine steinerne Kultkapelle, die eine verkleinerte Form des Totenopferraumes an der Ostseite der Pyramide darstellte. Gegenüber dem Eingang in die Nordkapelle stand, aus Granit gefertigt, die Darstellung einer Kapellenfassade, vor der ein Altar aufgestellt war. Die Ost- und Westwand der Kapelle waren mit farbigen Reliefszenen des Totenopfermahls dekoriert, während an der dunkelblauen Decke

gelbe Sterne leuchteten. Nordkapellen gehörten von nun an bis
zum Ende der 12. Dynastie (um 1794 v. Chr.) zum festen Reper-
toire eines Pyramidenbezirkes.

Djedkare-Isesis Pyramidentempel besticht durch seine Sym-
metrie, die das seit Sahure vorgegebene Grundrißschema verfe-
stigt. Einst mit kostbaren Materialen, Granit und Alabaster
ausgestattet, enthielt er alle bekannten und wesentlichen Merkmale eines Tempels. Die Säulen im Hof waren wie bei Sahure
Palmsäulen aus Rosengranit.

Mit der Herrschaft des Königs Unas (2367–2347 v. Chr.) endet
die 5. Dynastie. Trotz seiner langen Regierungszeit von über
30 Jahren ist seine Pyramide die kleinste des Alten Reiches (Basis:
57,75 m [= 110 Ellen]). Die Architekten versuchten die geringe
Grundfläche durch den steileren Böschungswinkel von 56°18'
wettzumachen, wodurch das Bauwerk immerhin 43 m [= 82 El-
len] Höhe erhielt.

Hätte sie nicht eine Besonderheit ersten Ranges aufzuweisen,
wäre die Unaspyramide vermutlich eine unbedeutende Anlage
in der Reihe königlicher Grabmäler jener Zeit. Doch enthalten
die unterirdischen Räume die früheste uns bekannte Abschrift der
«Pyramidentexte». Dieses älteste schriftlich fixierte religiöse Text-
gut der Menschheit wurde erstmals 1881 von dem französischen
Ägyptologen Gaston Maspero in der Pyramide Pepis I. (6. Dynastie) entdeckt. Damals war man noch der Meinung, Pyramideninnenräume wären prinzipiell unbeschriftet. Die Entdeckung
anderer Grabkammern bestätigte jedoch, daß dieses für die Darstellung des königlichen Jenseits wichtige Textcorpus ab Unas zur
Standardausgestaltung des königlichen Grabes gehörte. Später
wurde es auch in Königinnenpyramiden aufgezeichnet.

Die Texte des Unas mit insgesamt 283 Sprüchen befinden sich
in der Sargkammer, der Vorkammer und dem letzten Stück des
Korridors vor der Vorkammer – nicht jedoch im «Serdabraum», der in allen Pyramiden unbeschriftet blieb. Die Hiero-
glyphen sind in vertieftem Relief in den Kalkstein geschnitten
und mit grünblauer Farbe ausgemalt, dem Merkmal der Vegetation, Fruchtbarkeit und des neuen Lebens. Die untereinander

stark abweichenden Sprüche lassen verschiedene Gruppen wie
Verklärungstexte, Sprüche zum Opferritual, Hymnen, dramati-
sche Texte und Zauber- oder Schutzsprüche erkennen. Darüber
hinaus läßt sich urtümliches von jüngerem Gedankengut unterscheiden, ältere und jüngere Jenseitsvorstellungen stehen dem-
nach gleichwertig nebeneinander. In den Texten ist von der Absicht des Königs die Rede, in vielerlei Gestalt – als Falke, Milan,
Gans oder Heuschrecke – oder unter Zuhilfenahme verschiedener Möglichkeiten – etwa dem Wirbelwind – zum Nordhimmel
aufzusteigen, unter die ewigen Sterne versetzt zu werden oder in
Begleitung des Sonnengottes Re am Himmel zu reisen. Wir lesen
von gewaltsamer Unterwerfung der Götter bis hin zum symbolischen Verspeisen derselben, mit der Absicht, sich die Lebenskraft der Götter und Ahnen anzueignen (sog. «Kannibalenhym-
nus»). Daneben tauchen auch Vorstellungen auf, die den toten
Herrscher mit dem Herrn des Totenreiches, Osiris, und dessen
Schicksal gleichsetzen. Die Texte dienten der Verklärung des toten Königs und sollten ihm kraft ihrer bloßen Existenz auf magische Weise die Möglichkeit verleihen, sich in einen Geist zu
verwandeln, aufzuerstehen und die Himmelfahrt anzutreten.

Der westliche Abschnitt der Sargkammerwände, die den königlichen Sarkophag umgaben, war mit großen Alabasterblök-
ken verkleidet. Mit dem farbigen Motiv einer Palastfassade
dekoriert, symbolisierten die Wände einen frühzeitlichen Jen-
seitspalast. Sarg- und Vorkammer sind überdeckt von einem
Giebeldach aus großen Kalksteinblöcken, dekoriert mit dem
nachtblauen Sternenhimmel. Der undekorierte Serdabraum war
hingegen flach gedeckt, was seine andersartige Funktion gegenüber den beiden angrenzenden Räumen unterstrich.

Unas dürfte die Vollendung seines Tempelbezirkes nicht mehr
erlebt haben, denn die Fertigstellung führte sein Nachfolger Teti
aus. Grundriß und Ausstattung entsprachen dem herausgebil-
deten Muster der 5. Dynastie. Mit 720 m Länge zählt der Aufweg des Unas zu den längsten des Alten Reiches. Bei seiner Errichtung wurden ältere und bereits bestehende Grabanlagen in
der Nekropole überbaut oder zugeschüttet. Die Wände des Aufweges waren mit farbigen Reliefs verziert, was bei seiner unge-

wöhnlichen Länge zu einem reichen Bestand an unterschiedlichen Reliefszenen führte. Jagdszenen in der Wildnis wechseln sich mit der Darstellung von Schiffen, die steinerne Palmsäulen zur Pyramidenbaustelle transportieren, Kämpfen mit asiatischen Feinden, Gefangenendarstellungen und vielem mehr. Entlang der Südseite des Aufweges ist ein 54 m langes, steinernes Grubenpaar zur Bestattung von hölzernen Schiffen erhalten.

Die Unas-Pyramide muß bereits im Altertum beschädigt gewesen sein, denn Prinz Chaemwaset (Mitte des 13. Jh. v. Chr.), einer der zahlreichen Söhne Ramses' II. (19. Dynastie), restaurierte sie und brachte eine Inschrift auf der Südseite der Pyramide an.

Die 6. Dynastie

Die historische Überlieferung führt König Teti (2347–2337 v. Chr.) als Nachfolger des Unas an und läßt mit ihm die 6. Dynastie beginnen. Dieser Einschnitt beruht vermutlich auf der Tatsache, daß Teti kein Sohn seines Vorgängers war. Die Überlieferung weiß auch zu berichten, daß Teti ermordet wurde, was als zusätzlicher Hinweis seiner nicht standesgemäßen Abstammung ausgelegt werden kann, so daß die überlieferungsgeschichtliche Zäsur gerechtfertigt erscheint.

Als Standort seiner Pyramidenanlage mit dem Namen «Es dauern die Stätten des [Königs] Teti» wählte der König einen Platz in Saqqara, nordöstlich der alten Bezirke des Djoser und Userkaf. Östlich seines Grabmals stand einst eine weitere Pyramide, die fast völlig abgetragen wurde und daher heute den Namen «Kopflose Pyramide» trägt. Sie ist bisher nicht ausgegraben, und weder ihr Erbauer noch ihre zeitliche Einordnung sind erforscht. Zu Tetis Zeit mußte dieser Bau jedoch schon existiert haben, denn der Standort der älteren Pyramide wurde respektiert, was man unter anderem daran erkennt, daß der Aufweg zur Pyramide des Teti an der Südecke anstatt in der Mitte des Pyramidentempels mündet (Abb. 8).

Sowohl Tetis Pyramide wie auch der dazugehörige Tempelkomplex sind eine getreue Kopie der Pyramidentempel der späten 5. Dynastie. Raumbestand und Bildprogramm werden wie

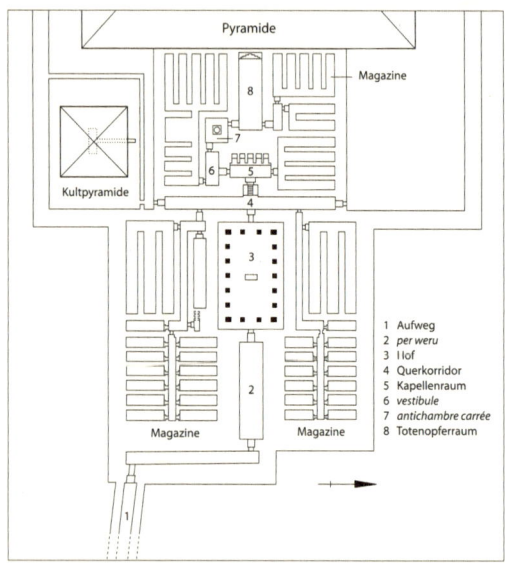

1 Aufweg
2 *per weru*
3 Hof
4 Querkorridor
5 Kapellenraum
6 *vestibule*
7 *antichambre carrée*
8 Totenopferraum

*Abb. 8: Plan
des Pyramiden-
tempels des
Königs Teti in
Saqqara*

eine architektonische Schablone übernommen, an deren Stan-
dardisierung nur Details verändert werden. Auf die 4. Dynastie
zurückgreifend, ersetzt man die Pflanzensäulen im Tempelhof
wiederum durch Pfeiler, die Anordnung und Zahl der Neben-
räume und Magazine variiert, die Maße der Sargkammer nehmen zu, dafür verzichtet man auf die kostbare Alabasterverklei-
dung der westlichen Raumhälfte, die man bei Unas vorfindet.

Erstmals werden nicht nur die Wände, sondern auch der Sarkophag mit Sprüchen der Pyramidentexte beschrieben. Sie sprechen den toten König als im Leib seiner Mutter, der Göttin Nut,
ruhenden Gott an: «Spruch der Göttin Nut: Ich umhülle deine
Schönheit mit meiner Seele (= dem Sarkophag) in alle Ewigkeit...»

Nordöstlich der Tetipyramide stehen zwei Königinnenpyramiden seiner Gemahlinnen. Die nördliche der beiden gehörte
Königin Iput I., der Mutter des Nachfolgers, König Pepi I. Im
Kalksteinsarkophag der unterirdischen Anlage fand man noch
die Knochen einer Frau mittleren Alters.

Diese Grabanlage hat eine besondere Baugeschichte aufzuweisen. Iput I. war vermutlich eine Tochter des Unas, sie
stammte also aus dem alten Königshaus der 5. Dynastie. Form
und Gestaltung der unterirdischen Anlage ihrer Pyramide geben
allerdings zu erkennen, daß ihr Grabmal ursprünglich eine
Mastaba war, die erst nach der Thronbesteigung ihres Sohnes
Pepis I. in eine Pyramide umgebaut wurde. Diese bedeutende
architektonische Änderung hat sicher einen realpolitischen Hintergrund: Nach der Herrschaft des Teti folgte laut Überlieferung
die kurze Regierung eines Königs Userkare (2337–2335 v. Chr.).
Doch haben sich von ihm kaum Spuren erhalten; vermutlich
war er ein Usurpator, und die dürftige Überlieferung läßt auch
erahnen, daß es nach Tetis Tod zu Wirren gekommen sein muß.
Doch scheint es seinem Sohn, König Pepi I., schon bald gelungen
zu sein, die Macht zu ergreifen und die Ordnung wiederherzu-
stellen. Um seine rechtmäßige Abstammung zu unterstreichen,
war ihm in dieser Situation wahrscheinlich daran gelegen, den
Status seiner Mutter, die nun zur «Mutter des Königs» avan-
ciert war, entsprechend anzupassen. Pepi I. ließ ihr altes Grabmal, die Mastaba, in eine Pyramide umbauen. Iput I. dürfte zu
dieser Zeit schon bestattet gewesen sein, doch zeigt die nach-
trägliche Änderung ihrer Grabarchitektur, daß Königinnenpyramiden bis zu dieser Zeit offenbar ein Statussymbol von Kö-
nigsmüttern gewesen waren.

Dies sollte sich allerdings unter der Herrschaft Pepis I. (2335–
2285 v. Chr.) rasch ändern. An der Südseite seiner Pyramidenanlage sind durch die französischen Grabungen des letzten
Jahrzehnts bisher sieben Königinnenpyramiden freigelegt worden (Abb. 9). Es sind kleine Anlagen mit eigenen Kultbauten,
Ka-Pyramiden, Magazinen und Nebeneinrichtungen. Die Besitzerinnen dieser Grabmäler waren bisher fast alle unbekannt,
und die Funde liefern reiches Material zur Rekonstruktion der
Geschichte dieser Zeit.

Eine erst kürzlich freigelegte Pyramidenanlage verdient dabei
besondere Aufmerksamkeit: das Pyramidengrab der Königin
Anchenespepi II., einer Gemahlin Pepis I. und Mutter König Pepis II. Diese Königin führte nach der kurzen Regierung des Kö-

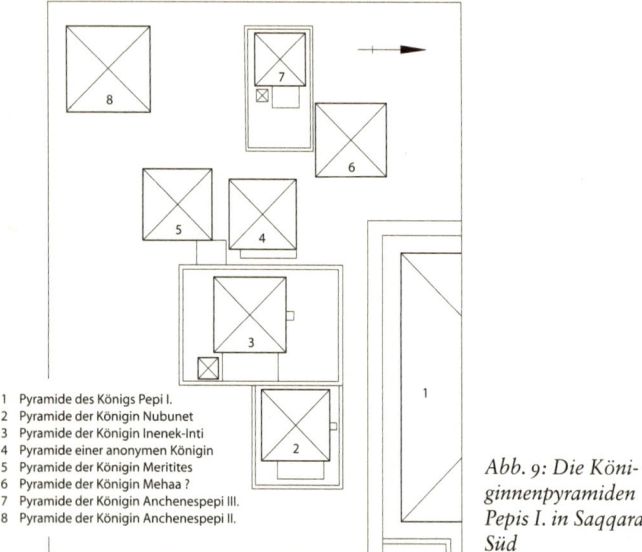

1 Pyramide des Königs Pepi I.
2 Pyramide der Königin Nubunet
3 Pyramide der Königin Inenek-Inti
4 Pyramide einer anonymen Königin
5 Pyramide der Königin Meritites
6 Pyramide der Königin Mehaa ?
7 Pyramide der Königin Anchenespepi III.
8 Pyramide der Königin Anchenespepi II.

*Abb. 9: Die Köni-
ginnenpyramiden
Pepis I. in Saqqara-
Süd*

nigs Merenre (2285–2279 v. Chr.) die Regentschaft für ihren
unmündigen Sohn, der laut Überlieferung bei der Thronbesteigung erst sechs Jahre alt war, dann aber über 60 Jahre regiert
haben soll. Der besondere Status dieser Frau zeigt sich auch
durch die außergewöhnliche Ausstattung ihrer Sargkammer.
Diese ist mit Pyramidentexten beschriftet, während solche bei
den benachbarten Königinnenpyramiden fehlen. Ihr Sarkophag
aus Basalt trug außer den Titeln der Königin auch Texte, die sie
als «Tochter des [Gottes] Geb» und «Tocher der [Göttin] Nut»
bezeichnen. Beide Gottheiten verheißen in den Inschriften der
Königin einen schönen Platz am Horizont bzw. im Himmel.
Durch diese Ausstattung ihrer Sargkammer war die Königsmutter in einen Rang gehoben, der bis dahin nur Königen vorbehalten war.

Der Pyramidenbezirk Pepis I. zählt trotz seiner starken Zerstörung seit dem Altertum heute zu den am besten restaurierten Anlagen dieser Epoche. Der Pyramidentempel folgte im
Grundriß ohne große Veränderung dem seit Sahure etablier-

ten Schema. Im Inneren der heute kaum 12 m hohen Pyramiden-
ruine kommt dafür den Pyramidentexten immer mehr Bedeutung
zu.

Der Sohn und Nachfolger Pepis I., König Merenre Antiemsaf I.,
regierte nur kurz (2285–2279 v. Chr.) und ließ sich unweit der
Pyramide seines Vaters einen eigenen Pyramidenbezirk errichten, der wahrscheinlich unvollendet blieb. Sein Grabmal harrt
noch der gründlichen Freilegung.

König Pepi II. (2279–2219 v. Chr.), der zweite Sohn Pepis I. und
Sohn der bereits erwähnten Anchenespepi II., wählte seinen Bestattungsplatz noch weiter im Süden und errichtete seine Pyramide mit dem Namen «Es bleibt das Leben des [Königs] Pepi»
nahe der Mastaba el-Faraun des Königs Schepseskaf in Saqqara-
Süd. Eine einzige Neuerung ist hier nennenswert: Die Pfeiler im
Hof des Pyramidentempels tragen Darstellungen, die den König
im innigen Umgang mit einer Gottheit zeigen, während die
Wände des Hofes bilderlos blieben.

Drei Königinnenpyramiden umgaben die Pyramide Pepis II.:
zwei im Norden, eine im Süden. Im Magazinraum einer dieser kleinen Nebenanlagen entdeckten die Archäologen die Bestattung einer vierten Gemahlin Pepis II., die er wohl erst gegen
Ende seiner langen Regierungszeit heiratete und die ihn über-
lebt hat. Sie trug denselben Namen wie die Königsmutter, Anchenespepi (IV.), war aber offenbar keine Königstochter. Doch
gebar sie einen Sohn, der als König Neferirkare II. (2219–2218
v. Chr.) den Thron bestieg. Dessen Pyramidenbezirk ist zwar aus
Inschriften bekannt, blieb aber bisher unentdeckt. Vermutlich
reichte seine kurze Herrschaft nicht aus, sein Grabmal vollen-
den zu lassen, war er doch auch nicht in der Lage, seine Mutter
standesgemäß zu bestatten.

Nach der langen Regierungszeit Pepis II. endete die Epoche
der Pyramidenzeit. Die Einheit des Landes zerfiel, und das Fehlen einer zentralistischen Macht läßt sich auch daran ablesen,
daß keine monumentalen Gräber mehr gebaut wurden. Bis auf
die kleine und noch mit Pyramidentexten dekorierte Pyramide

eines Königs Ibi in Saqqara-Süd, der laut Überlieferung während der 8. Dynastie (2216–2170 v. Chr.) kurze Zeit regierte,
sind bisher keine Pyramiden gefunden worden.

VI. Die Pyramiden des Mittleren Reiches – Neubeginn und Wandel

Nach Überwindung der von politischer Unsicherheit gekenn-
zeichneten Ersten Zwischenzeit und Wiedervereinigung des
Landes, zeichneten sich am Beginn des Mittleren Reiches (um
2120 v. Chr.) deutliche Veränderungen hinsichtlich der Stellung
des Königs und des Königskultes ab. Diese Veränderungen fanden ihren Ausdruck auch im königlichen Totenkult und entsprechend in der Gestaltung der königlichen Grabanlagen.
Zwei wesentliche Grundlinien bestimmten dabei die Entwicklung königlicher Grabarchitektur in dieser Epoche: die rege
Weiterentwicklung verschiedener im Alten Reich herausgebilde-
ter baulicher Strukturen sowie der starre Rückgriff auf den
architektonischen Formenschatz der Pyramidenzeit, d. h. das
Nebeneinander archaisierender Tendenzen und Neuschöpfungen charakterisiert die Architektursprache des Mittleren Reiches. Trotz der starken Rückorientierung zum Alten Reich –
also an die memphitische Bautradition – flossen nun auch oberägyptische (thebanische) Architekturkonzepte in die königlichen Bauwerke ein und wurden weiterentwickelt.

Eine grundlegende Vorstellung, die ihre Wurzeln bereits im
Alten Reich hatte, in dieser Epoche jedoch immer stärker zum be-
stimmenden Faktor der Jenseitsvorstellungen wurde, wirkte mit
besonderem Nachdruck auf die Gestaltung der Grabarchitektur.
Die Pyramidenbezirke übernahmen Baumuster, die mit dem Osi-
ris-Kult in Abydos in Verbindung standen. An diesem altehrwürdigen Ort in Oberägypten (Abb. Karte) ließen sich schon die Könige der ausgehenden Prähistorie und der ersten beiden Dynastien (Thinitenzeit, 3200–2707 v. Chr.) ihre Gräber errichten.

Die Nekropole gewann während des Mittleren Reiches wieder an Bedeutung, weil man überzeugt war, daß eines dieser alten Königsgräber der 1. Dynastie (Grab des Königs Djer, 2999–2952 v. Chr.) das Grab des Osiris sei. Diese Grabstätte wurde nun zu einem regelrechten Wallfahrtsort. Es galt als erstrebenswert, in der Nähe des Totengottes bestattet zu werden, und wenn dies nicht möglich war, so doch zumindest durch ein Bauwerk, Votivgaben, Statuen oder wenigstens durch eine Stele am Ort präsent zu sein.

Das Grab des Osiris stellte man sich als eine von Wasser umgebene Insel vor, auf der der tote Gott in seinem Schrein lag. Dieses Bild deckte einen weiteren Aspekt des Auferstehungsgedankens ab, nämlich die bereits angesprochene Vorstellung vom Urhügel, jenem Landstück, das bei Entstehung der Welt zuerst aus dem Urozean aufgetaucht war und den Boden für das neue Leben gebildet hat. Die alten Ägypter erlebten dieses Schauspiel – nach dem der Urhügel-Mythos geformt wurde – alljährlich nach dem Zurückweichen des Überschwemmungswassers, das neue und fruchtbare Erde hervortreten ließ. Charakteristisch für die Gestaltung dieses Gottesgrabes war die Ausschmückung mit Bäumen, womit ein wesentlicher Gedanke der Jenseitsvorstellung symbolisiert wurde: Osiris ist Herr der Vegetation und damit auch Herr des immer wieder neu entstehenden Lebens.

An diesem Bild des Osirisgrabes orientierte man sich nun bei der Gestaltung der Königsgräber. In einigen Pyramidenbezirken ist die Bepflanzung mit Bäumen und Sträuchern archäologisch nachgewiesen (in den Anlagen Mentuhoteps II. und Sesostris' II.). Damit wurde die vegetative Kraft des im Grab ruhenden Königs (= Osiris) verdeutlicht. Vor allem in der Ausgestaltung der unterirdischen Anlagen – also dem Gang- und Kammersystem der Pyramiden – sind diese osirianischen Vorstellungen deutlich zu beobachten. Die verwinkelte und über mehrere Eckpunkte geknickte Korridorführung (bei Sesostris II., Amenemhet III. in Hawara und etlichen Anlagen der 13. Dynastie) ist als architektonische Umsetzung der verschlungenen Wege der unteren «Duat», der Unterwelt, aufzufassen. Der um die eigentliche Sargkammer laufende Korridor ließ das Königsgrab symbolisch als den aus den Fluten ragenden Urhügel erscheinen, zumal die Grabkammer, die den königlichen Leichnam im Sarkophag aus Hartgestein, meist Granit, beherbergte, über den Entlastungskonstruktionen der Decke (Giebeldach) mit einem zusätzlichen Gewölbe aus Ziegeln versehen war. Da dieses Gewölbe bautechnisch nicht notwendig war, ist es eher als symbolische Scheinarchitektur im Sinne des «Urhügels» zu interpretieren.

Diese abydenisch-osirianischen Einflüsse werden schließlich so bestimmend, daß die Errichtung eines traditionellen Pyramidenbezirks als Königsgrab nicht mehr ausreichte. Sesostris III. (1872–1853 v. Chr.) ließ sich zusätzlich zu seiner Pyramidenanlage in Dahschur eine zweite Grabanlage ohne Pyramide in Abydos errichten. Archäologische Untersuchungen legen jedoch nahe, daß es sich bei dieser zweiten Anlage keineswegs um einen Kenotaph handelt, wie bisher angenommen, sondern daß Sesostris III. tatsächlich in Abydos beigesetzt wurde.

Nicht nur auf der religiösen Ebene, sondern auch auf der technischen Seite des Pyramidenbaus traten Veränderungen gegenüber dem Alten Reich ein. Als König Amenemhet I. (1976–1947 v. Chr.) nach der Gründung einer neuen Hauptstadt *Itji-taui* («Bezwingerin der beiden Länder», nahe dem heutigen Ort el-Lischt, ca. 60 km südlich von Kairo, Abb. Karte) dort mit dem Bau einer Pyramide begann, sahen sich die Architekten vor neue Anforderungen hinsichtlich der Errichtung des Königsgrabes gestellt. Aufgrund des Zusammenbruches der Pyramidenzeit und der darauffolgenden Wirreperiode der Ersten Zwischenzeit waren Wissen, technische Erfahrungen und handwerkliche Tradition verlorengegangen und mußten erst schrittweise wieder erworben werden.

Generell sind die Pyramiden des Mittleren Reiches kleiner konzipiert und haben in der Regel einen flacheren Neigungswinkel als im Alten Reich. Auch das Kernmauerwerk zeigt einen anderen Aufbau. Im Inneren des Mauerwerks steckt oft eine Konstruktion in Form eines sternförmigen Steingerippes, das den Kernbau stabilisieren und zusammenhalten sollte. Da es ähnliche sternförmige Mauerkonstruktionen schon in einigen Bauwerken des Alten Reiches (in Abusir) gab, darf man annehmen, daß die Ingenieure des Mittleren Reiches die Pyramiden der vorhergehenden Epoche studiert und wahrscheinlich auch alte Pläne oder Skizzen eingesehen haben.

Mit der Pyramide Sesostris' II. verwendete man im Pyramidenmassiv nicht nur Stein, sondern erstmals auch ungebrannte Schlammziegel, die dann ab dem Bauwerk Sesostris' III. das alleinige Baumaterial des Pyramidenkerns bildeten. Lediglich die Verkleidung wurde weiterhin aus qualitätsvollem Kalkstein hergestellt. Auch bei der Errichtung von Nebenbauten nahm der Einsatz von ungebrannten Schlammziegeln zu; sie wurden jetzt auch für Aufwege, Umfassungsmauern, Wohnbauten, Wirtschaftseinrichtungen usw. verwendet. Die für den Königskult wichtigen Pyramidentempel errichtete man jedoch bis Amenemhet III. in dauerhaftem Stein.

Mit König Mentuhotep II. (11. Dynastie), dem es während seiner langen Regierung (2046–1995 v. Chr.) gelang, das Land von Theben aus wieder zu vereinigen, läßt die Geschichtsschreibung das Mittlere Reich beginnen. Im Gegensatz zu den Königen des Alten Reiches erbaute dieser Herrscher keine Pyramide. Dennoch muß seine Anlage mit einigen Worten bedacht werden, da sie in Konzept und Funktion völlig neuartige Wege in der königlichen Grabarchitektur ging.

In seinem Monument mit dem Namen *Ach-sut-Neb-hepet-Re*, «Verklärt sind die Stätten des [Königs] Nebhepetre [=Thronname Mentuhoteps II.], flossen Elemente der Pyramidenanlagen des Alten Reiches, die des thebanischen *Saff*-Grabes der 11. Dynastie (die arab. Bezeichnung *saff* bedeutet «Reihe» und bezieht sich auf die mit einer Pfeilerstellung gegliederte Front der lokalen Felsgräber der Fürsten von Theben) sowie neue ideelle und architektonische Konzepte zusammen. Sein Grabmal war nicht nur Bestattungsort und Anlage für den Königskult, sondern zugleich auch Göttertempel, in dem der König gemeinsam mit dem thebanischen Gott Month-Re und dem Lokalgott von Karnak, Amun, dem späteren Reichsgott Ägyptens, verehrt wurde.

Der Grabkomplex umfaßte einen Taltempel, einen langen, offenen Aufweg und einen gestuften Terrassenbau – dessen vor-

derer Tempelteil dem Month-Re geweiht war, während der westliche Tempelabschnitt den eigentlichen königlichen Totentempel
enthielt. Das Wesentliche dieser Anlage ist nicht das Fehlen der
Pyramide als Symbol des Herrschergrabes, sondern der funktio-
nell zweigeteilte Terrassenbau. Der vordere Bauteil besaß einen
massiven, 11 m (= 21 Ellen) hohen quadratischen Kernbau mit
der Seitenlänge von 22,2 m (= 42 Ellen), der monumental-stili-
sierend die Form eines «Urhügels» versinnbildlichen sollte. Der
hintere, dem Königskult geweihte Abschnitt des Tempels bestand aus einem Kolonnadenhof mit Altar sowie einem mächtigen Pfeilersaal. Von letzterem öffnet sich eine Art Höhle im Felsen als eigentlicher Totenopferraum für den König, der mit einer
Scheintür und einer Königsstatue ausgestattet war. Einige Zeit
später erweiterte man den Kultbereich und errichtete vor diesem
Felsheiligtum ein Sanktuar, das dem Gott Amun geweiht war:
Der König war nach seinem Tod nicht mehr gottgleich wie im
Alten Reich, sondern erst in Vereinigung mit einer anderen Gottheit vergöttlicht. Da erfahrungsgemäß der Götterkult den Totenkult eines verstorbenen Herrschers überdauerte, sicherte die Verbindung beider Kulte den Fortbestand des Königskultes.

Die Sargkammer des Königs lag ca. 150 m tief im Fels des Berg-
massivs und war über einen langen Korridor erreichbar. Position
und Art der unterirdischen Bestattungsanlage verdeutlichen das
oberägyptische Element der Grabgestaltung. Der Bestattungstrakt lag nicht zentral unter dem künstlich errichteten Bauwerk
wie bei einer Pyramide, sondern war tief im Felsmassiv versteckt.
Die ursprünglichen Eigenschaften des alten Königsgrabes haben
sich also deutlich zugunsten einer Götterverehrung in Verbindung mit dem Kult für den verstorbenen König verschoben.

Ein unvollendeter Grabbau mit ähnlichem Baukonzept südlich
der Anlage von Mentuhotep II. wurde bisher als Grabanlage des
Nachfolgers König Mentuhoteps III.-Seanchkares (1995–1983
v. Chr.) angesehen. Neuerdings wird er als aufgegebener «the-
banischer Grabkomplex» König Amenemhets I. (1976–1947
v. Chr.), des Begründers der 12. Dynastie, identifiziert. Als dieser
Herrscher seine neue Reichshauptstadt *Itji-taui* bei el-Lischt in

Mittelägypten gründete, gab er offenbar sein erstes Grabprojekt auf und ließ sich wieder eine Pyramide als Grabmal errichten. Dieser Pyramidenkomplex steht in der Bautradition des Alten Reiches, doch enthält er ebenso architektonische Elemente des thebanischen Formenschatzes. So war der einst mit Reliefs dekorierte Aufweg, der von dem heute verschwundenen Taltempel heraufführte, ungedeckt. Die Pyramide und der Tempel an der Ostseite standen unverbunden auf zwei Terrassen mit ungleichem Niveau, was wohl als architektonische Anspielung auf den Terrassenbau in Theben aufzufassen ist.

Der gegenüber der Pyramidenbasis tiefer stehende Tempelkomplex ist nicht erhalten. Spärliche Reste geben gerade noch zu erkennen, daß seine Ausdehnung gering war (ca. 21 × 84 m) und daher nur einige der für einen Tempel des Alten Reiches üblichen Räume ausgeführt waren. Die wenigen erhaltenen Reliefblöcke kopieren sowohl im Stil wie auch in der Szenenwahl Darstellungen des Alten Reiches so außerordentlich gut, daß eine stilistische Trennung von der vorhergehenden Epoche oft schwerfällt. Aus den Darstellungen geht allerdings auch hervor, daß der ursprüngliche Tempel vom Sohn und Nachfolger König Sesostris I. umgebaut worden sein muß. Denn im Fundament des Gebäudes verbaute Blöcke zeigen Teile von Reliefszenen Sesostris' I., wie er vor seinem Vater Amenemhet I. opfert.

Das Innere der Amenemhet-Pyramide ist nur zum Teil erforscht, da der hohe Grundwasserspiegel ein Vordringen in die Sargkammer bisher verhindert. Wie in den Pyramiden des Alten Reiches endet der schräge Eingangskorridor in einer kleinen Vorkammer unter dem Zentrum der Pyramide, doch führt dann keine Passage nach Westen in die Sarkophagkammer, sondern ein vertikaler Schacht geht senkrecht in die Tiefe und verschwindet im anstehenden Grundwasser.

Sesostris I. (1956–1911 v. Chr.) errichtete seine Pyramide mit dem Namen «[König] Sesostris erschaut die beiden Länder» knapp 2 km südlich von der seines Vaters. Die Anlage orientierte sich getreu an den Pyramidenbauten der späten 5. und 6. Dynastie, ohne daß von einer exakten Kopie eines speziellen Bauwerks gesprochen werden kann. Es entstand ein Amalgam aus verschiedenen Anlagen der älteren Epoche, das alle charakteristischen Elemente des klassischen Grundrisses einer Pyramidenanlage erkennen läßt. Der Taltempel ist bisher nicht gefunden, wird aber im Fruchtland beim heutigen Dorf el-Lischt vermutet. Ein geschlossener, dekorierter Aufweg, eine Eingangshalle (*per weru*), der Pfeiler-Hof, ein Statuenraum und Totenopfertempel mit *vestibule*, *antichambre carrée* und Totenopferraum sowie eine Kultpyramide in der Südostecke bildeten den Grundbestand (Abb. 8). Auch das Bildprogramm, einschließlich der gewölbten, sternendekorierten Decke des Totenopferraumes und die Nordkapelle sind getreu den Vorbildern des Alten Reiches nachempfunden.

Doch lassen sich bei Sesostris I. auch Neuerungen im Konzept aufspüren. Im oberen Teil des Aufweges standen beiderseits in Nischen Osirisstatuen des Königs, die den jenseitigen Aspekt im Totentempel unterstrichen. Sie blieben bis weit in die Spätzeit der ägyptischen Kultur ein wesentliches Merkmal königlicher Tempelarchitektur.

Hatte Amenemhet I. den Kernbau seiner Pyramide noch recht grob und aus unregelmäßig verbauten Steinblöcken errichtet, bediente man sich bei Sesostris I. einer neuartigen und stabileren Konstruktion. Man errichtete im Inneren des Bauwerks ein aus starken Mauern bestehendes sternförmiges Gerippe aus großen, roh behauenen Kalksteinblöcken. Innerhalb dieser sternförmigen Konstruktion lagen weitere Unterteilungsmauern, so daß insgesamt 32 schmale Hohlräume im Inneren entstanden, die man mit Steinblöcken, Steinbruch und Sand auffüllte. Die Verkleidung aus Turakalkstein ist bei dieser Pyramide verhältnismäßig gut erhalten. So wissen wir, daß die Blöcke mittels schwalbenschwanzförmigen Holzdübel zusammengehalten wurden. Jeder dieser Holzdübeln trug den Namen des Königs eingraviert. Das Bauwerk besaß im Endzustand eine Seitenlänge von 105 m (= 200 Ellen) und reihte sich mit seinen Maßen an die großen Pyramiden der 4. und 5. Dynastie. Der Böschungswinkel von 49°24' war allerdings merkwürdig flach und findet keine Entsprechung bei den Pyramiden des Alten Reiches. Fürchteten die Architekten, die nicht mehr über die Kenntnisse ihrer Vorgänger verfügten, einen zu steilen Winkel zu wählen? Wie bei Amenemhet I. ist die eigentliche Bestattungsanlage unter der Pyramide nur zum Teil erforscht: Die Sargkammer liegt heute unerreichbar im Grundwasser.

Ein auffälliges Merkmal der Anlage Sesostris' I. sind die für neun königliche Frauen errichteten kleinen Nebenpyramiden, die den Königsbezirk umgaben. Die Architektur dieser Anlagen ist wesentlich bescheidener als die der Nebenpyramiden des Alten Reiches. Die Basislänge der größten Nebenpyramide – sie gehörte der Königin Nofru, der Mutter des Nachfolgers König Amenemhets II. – betrug 21 m (= 40 Ellen) und erreichte bei einer Neigung von 63° eine Höhe von knapp 20 m (= 38 Ellen). Alle Nebenpyramiden besaßen eine kleine Kultkapelle im Osten, eine Nordkapelle, und waren von einer Umfassungsmauer umgeben. Jede Kapelle war innen mit bemalten Reliefs dekoriert. Die erhaltenen Fragmente bezeugen die typischen Darstellungen des Totenopfermahls: Die Verstorbene sitzt beim Opfertisch und empfängt Opfergaben.

Im unterirdischen Grabteil wurde das im Alten Reich herausgebildete Schema des T-förmigen Grundrisses aufgegeben. Der schräge Eingangskorridor wurde durch einen vertikalen Schacht ersetzt, der an der Nordseite der Pyramidenbasis begann und in den Bestattungstrakt führte. Dieser bestand oft nur aus einem engen horizontalen Korridor, der gerade groß genug war, um den Sarkophag unterzubringen. In einem kleinen Nebenraum wurde der steinerne Kanopenkasten beigesetzt.

Der Nachfolger Sesostris' I., König Amenemhet II. (1914–1879 v. Chr.), wählte wieder den alten Königsfriedhof in Dahschur als Ort für seine Grabstätte, wo bereits die beiden großen Steinpyramiden des Snofru die Nekropole dominierten. Seine Pyramide ist heute ein grauer, in sich zusammengesunkener Lehmziegelhaufen, der groteskerweise unter dem lokalen Namen «Die weiße Pyramide» bekannt ist; im Altertum hieß sie «[König] Amenemhet ist versorgt». Aufgrund der Nähe zum Fruchtland hat die Anlage besonders unter dem Steinraub der ortsansässigen Bevölkerung gelitten, die systematisch die weiße Kalksteinverkleidung sowie das sternenförmige Kalksteingerippe im Inneren plünderte.

Die Ost-West-Ausrichtung des lang-rechteckigen Pyramiden- bezirks verdeutlicht tiefgreifende Veränderungen hinsichtlich der Gestaltung des Pyramidenbezirks unter Amenemhet II., de- ren Ursachen uns aufgrund der Zerstörung der Anlage allerdings weitgehend verborgen bleiben. Besonders die Form der unter- irdischen Anlage wendete sich radikal von den Vorbildern des Alten Reichs ab – was auch bei den noch unerforschten unterir- dischen Anlagen der Pyramiden Amenemhets I. und Sesostris' I. der Fall sein könnte. Der Pyramideneingang lag in der Mitte der Nordseite. Der Korridor führte anfangs leicht geneigt in die Tiefe, ging dann in ein kurzes horizontales Gangstück mit zwei granitenen Blockierungssteinen über und endete schließlich in einer Ost-West orientierten Sargkammer. Diese war mit einem Giebeldach ausgestattet, um den Druck des darüber liegenden Pyramidenmassivs abzuleiten. Neu sind die vier vermauerten Nischen in der Kammer, zwei in der Südwand und je eine in der Ost- bzw. Westwand, die wohl als Weiterentwicklung des Serdabraumes der Pyramiden des Alten Reichs anzusehen sind. Der aus Platten zusammengesetzte Quarzitsarkophag stand im Boden versenkt und massiv vermauert im Westen der Kammer. Neu ist auch der Schacht, der, von der Mitte der Sarkophagkam- mer senkrecht abgehend, zu einem tiefer gelegenen rechteckigen Raum führt. In den Boden dieses Raumes war eine quadratische Vertiefung eingelassen, die vermutlich einmal die Kanopenbe- stattung des Königs enthielt.

Mit der Bestattungsanlage Amenemhets II. läßt sich zum er- sten Mal die Trennung von Sarkophag und Kanopenkasten fas- sen, die im Alten Reich noch unmittelbar nebeneinander in einem Raum aufgestellt waren.

König Sesostris II. (1882–1872 v. Chr.) wählte als Standort für seine Pyramide die Nähe des Fayum und errichtete seine Grab- anlage bei el-Lahun am Eingang zur See-Oase (Abb. Karte). Oberflächlich betrachtet weist die Anlage alle Merkmale eines

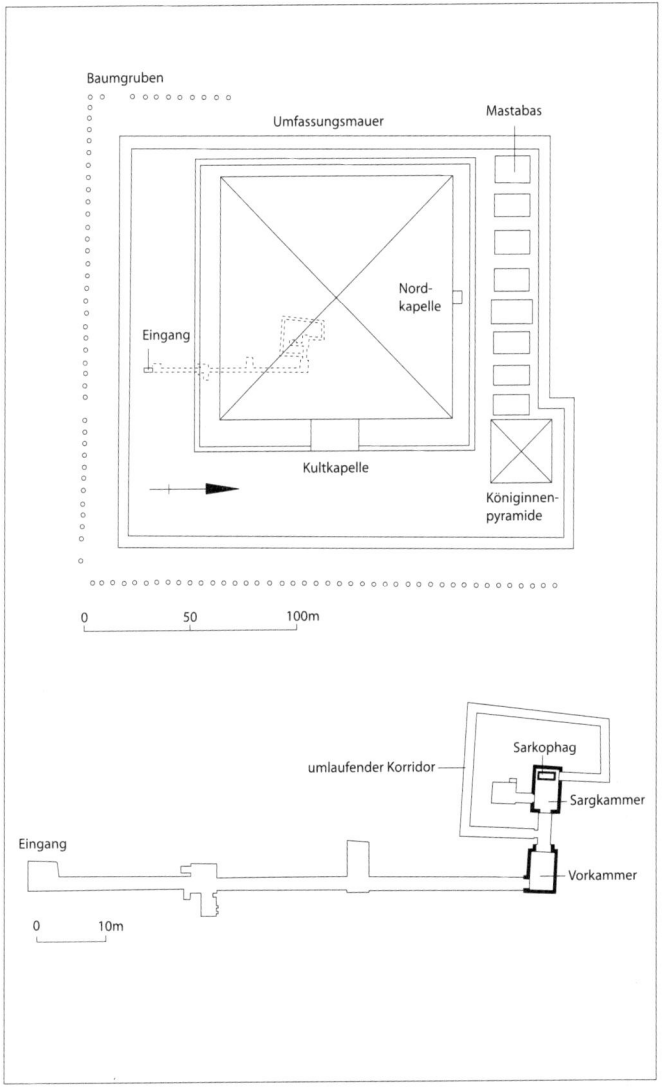

*Abb. 10: Der Pyramidenbezirk Sesostris' II. in el-Lahun (oben)
und sein unterirdisches Bestattungssystem (unten)*

traditionellen Pyramidenbezirks des Alten Reiches auf (Abb. 10 oben). Die Pyramide besitzt an der Ost- und Nordseite Kultbauten und ist von einer nischendekorierten Steinmauer sowie einer äußeren Ziegelmauer umgeben. Eine Königinnenpyramide und zahlreiche Nebenbestattungen liegen entlang der Nord- und Südseite des königlichen Grabmales. Der Aufweg ist bisher nicht freigelegt, dagegen sind Reste des Taltempels sowie der unmittelbar daneben liegenden Pyramidenstadt besonders gut erhalten. Letztere war so angelegt, daß sie einigen tausend Einwohnern Platz bieten konnte.

Bei genauerem Hinsehen offenbaren sich neben der deutlichen Anlehnung an die Architektur des Alten Reiches jedoch auch etliche Neuerungen, die richtungsweisend für zukünftige Königsgräber werden: Eine dichte Baumpflanzung von je 42 Bäumen im Osten und Süden sowie einer allerdings nicht bekannten Zahl solcher Bäume im Westen unterstreichen den Aspekt des Osiris-Grabes.

Zum ersten Mal lag der Eingang in die Pyramide nicht mehr an der Nordseite. Dort befand sich zwar die traditionelle kleine Nordkapelle, nicht aber die Öffnung in das Pyramideninnere. Daß man den Eingang verlegte, wird allgemein damit erklärt, daß man den Zugang vor Grabräubern verbergen wollte. Doch ist dies wenig überzeugend, denn trotz versteckten Eingangs blieb keine dieser Pyramiden von Plünderungen verschont. Man muß darin wohl eher ein symbolisches Verbergen erkennen, welches mit dem geheimen und heiligen Ort des Osiris-Grabes in Verbindung steht.

Der Eingangskorridor in die Pyramide nimmt seinen Anfang im Boden eines Prinzessinnengrabes, dessen Eingangsschacht im südlichen Pyramidenhof und außerhalb der steinernen Umfassungsmauer liegt (Abb. 10). Die granitverkleidete Sarkophagkammer mit Giebeldach ist nicht mehr wie im Alten Reich unter dem Zentrum der Pyramide angelegt, sondern unter dem südöstlichen Viertel der Pyramidenbasis. Ein die Bestattungskammer umlaufender Felskorridor isoliert diese vom umgebenden Fels und unterstreicht architektonisch die inselartige Abgeschiedenheit des Ortes, wo der zu Osiris gewordene Herrscher ruhte.

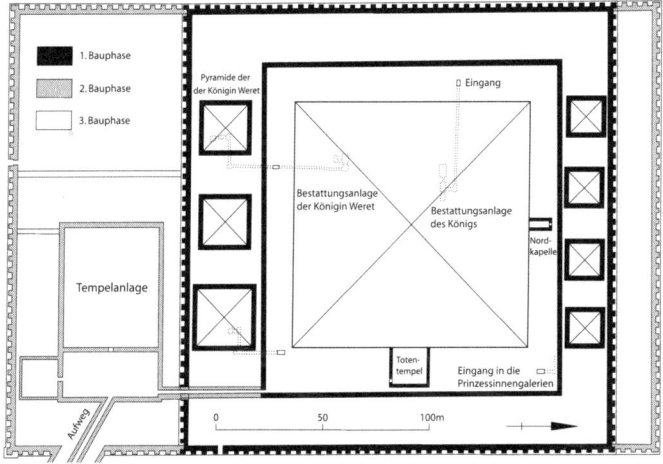

Abb. 11: Der Pyramidenbezirk Sesostris' III. in Dahschur

Der Pyramidenbezirk des Nachfolgers, Sesostris' III. (1872–1853 v. Chr.), in Dahschur knüpfte unmittelbar an diese osirianischen Vorstellungen an und stellte die Bauwerke seiner Vorgänger in jeder Hinsicht in den Schatten (Abb. 11). Alte architektonische Elemente und Rückgriffe auf Bautraditionen des Alten Reiches wurden mit aktuellen religiösen Vorstellungen verwoben und führten zu architektonischen Neuschöpfungen. Die durch etliche Erweiterungen vergrößerte Anlage macht diesen Königsbezirk in seiner Monumentalität, Ausstattung und seinem inhaltlichen Konzept bauhistorisch zu einem herausragenden Bindeglied königlicher Architektur zwischen Altem und Neuem Reich.

Ursprünglich erbaute Sesostris III. einen einfachen Pyramidenbezirk, umgeben von einer steinernen Umfassungsmauer und einer größeren Ziegelumfassung mit Nischengliederung. Im Unterschied zu den Vorgängerbauten ist der Kern der Pyramide ohne stabilisierendes Steinmauerskelett, sondern vollständig aus Lehmziegeln mit weißer Kalksteinverkleidung errichtet. Die traditionellen Kultbauten an der Ost- und Nordseite sind nachgewiesen, doch heute bis zur Unkenntlichkeit zerstört.

Der Eingang in die Pyramide liegt im nördlichen Abschnitt der Westseite. Der Zugangskorridor verläuft unter dem Massiv gerade nach Osten und knickt dann nach Süden ab. Die Anordnung der Innenräume entspricht dem Konzept unterirdischer Anlagen des späten Alten Reiches. Vor- und Magazinraum befinden sich im Osten, die Sargkammer im Westen. Zur Druckentlastung wurde über der gewölbten granitenen Grabkammer ein Giebeldach, bestehend aus fünf Paaren schräg gegeneinandergestellter Kalksteinplatten (zu je 30 t Gewicht), erbaut. Darüber errichtete man ein weiteres Ziegelgewölbe.

Zwischen innerer und äußerer Umfassung wurden die weiblichen Mitglieder des Königshauses bestattet. Die Oberbauten ihrer Grabanlagen waren ebenfalls Pyramiden, welche allerdings architektonisch nicht mehr direkt mit den unterirdischen Anlagen verbunden waren. Sie markierten vielmehr den Ort einer Bestattungsanlage, welche nicht unbedingt nur einer einzelnen Person vorbehalten war. So standen im nördlichen Hof vier Pyramiden über einem doppelstöckigen unterirdischen Galeriesystem, in dem mindestens 12 Personen, darunter auch eine Königin, beigesetzt waren.

Ganz in der Tradition der Pyramidenanlagen des Alten Reiches waren im südlichen Hof drei kleine Nebenpyramiden errichtet. Position und Form dieser Nebenanlagen geben allerdings nur scheinbar altertümliche Grabkonzepte wieder, denn die dazugehörigen unterirdischen Anlagen zeigen deutliche Veränderungen gegenüber der älteren Zeit. Der Eingangsschacht in die westliche Pyramide lag im inneren Hof der Königspyramide. Von diesem führt ein Korridor nach Süden und anschließend nach Westen unter die Nebenpyramide, wo allerdings keine Bestattung vorgenommen wurde. Ein zweiter Korridor verlief vom Schachtboden unterirdisch geradewegs nach Norden bis unter den südwestlichen Teil der Königspyramide und mündete dort in eine Vorkammer, die zur Sargkammer einer Königin Weret führte. Das architektonische Konzept dieser Königinnenanlage ist bemerkenswert, denn seit dem Grabbau des Djoser liegt zum ersten Mal wieder eine Königin in einer eigenen Sargkammer unter der Königspyramide bestattet.

Die mittlere der drei Pyramiden hatte im Zentrum einen ca. 11 m tiefen Schacht, der zu einer Kalksteinkammer führte, die nur einen granitenen Kanopenkasten mit vier Alabasterkanopen enthielt; das Pyramidengrab diente zur Bestattung der Eingeweide einer Person aus königlichem Hause.

Der Eingang in die östliche Pyramide lag wiederum außerhalb des Baus, nahe der Südostecke der Königspyramide. Von dort gelangte man in eine Kalksteinkammer, die nicht exakt unter dem Zentrum der Nebenpyramide lag. Die Kammer war viel zu klein, um eine menschliche Bestattung aufzunehmen und dürfte in Anlehnung an die Bauten des Alten Reiches als Kult-Pyramide zu identifizieren sein.

In einer späteren Bauphase wurde der ursprüngliche Pyramidenbezirk im Norden und Süden auf eine Größe von 192 × 299 m (365 × 570 Ellen) erweitert (Abb. 11). Aufgrund der nord-südlichen Ausrichtung erinnert der Baukomplex wieder auffällig an die Pyramidenanlage des Djoser. Der neugestaltete Bezirk gliederte sich in einen Südabschnitt, an dessen Ostseite der gedeckte Aufweg schräg einmündete, den ursprünglichen Pyramidenhof mit den Nebenbestattungen sowie in einen nördlichen schmalen Hof mit weiteren Schächten für Bestattungen.

In der südlichen Erweiterung des Bezirks stand einst ein gewaltiger Tempel aus Stein, der bis auf die Fundamente zerstört ist. Die zahlreichen, prächtig bemalten Relieffragmente der einstigen Wanddekorationen dieses Tempels lassen auf die Funktion eines «Verehrungstempels» schließen, wie man ihn zur Zeit des Alten Reiches baute. Während die Totenopferkapelle noch unmittelbar an der Ostseite der Pyramide lag, fand der Verehrungskult für den König nun in einem abgesonderten und bedeutend größeren Tempelbau statt. Neben den bekannten Ritualhandlungen zum *Hebsed*-Fest, dem Erneuerungsfest des Königs, zeigen die erhaltenen Wandszenen auch Themen, die in den Totentempel des Neuen Reiches (1550–1070 v. Chr.) – den sogenannten «Häusern für Millionen Jahre» – weiterleben. In den Darstellungen wird – wie bereits im Tempelkomplex Mentuhoteps II. (11. Dynastie) – vor allem die Fortdauer des Herrschers im Zusammenwirken mit dem Kult einer Gottheit thematisiert.

Während seiner langen Regierungszeit ließ Sesostris III. ein weiteres Grabmonument erbauen, das bisher immer als sein Kenotaph betrachtet wurde, nach neueren Untersuchungen aber doch seine letzte irdische Ruhestätte gewesen sein dürfte. Als erster Herrscher seit der 2. Dynastie legte er in Abydos einen gigantischen, fast 1 km langen Kultkomplex an. Die Verlegung der königlichen Bestattung an den alten Kultort Abydos könnte auch eine Erklärung dafür bieten, warum die Pyramide in Dahschur ohne aufwendige Blockierungssysteme blieb (vgl. auch die Anlagen Sesostris' II. und Amenemhets III. in Dahschur).

Am Fruchtlandrand stand ein steinerner Kultbau, umgeben von Häusern, Magazinen und Wirtschaftseinrichtungen der Priester und des Tempelpersonals. Von diesem Talbau führte ein gerader Weg nach Westen in die Wüste, zu einem großen T-förmigen Grabbezirk. Das Grab selbst war ein langgestreckter unterirdischer Korridorbau mit einem ausgeklügelten System an Blockierungen, blinden Passagen und vermauerten Gängen. Der Sarkophag stand nicht am Ende des unvollendeten Korridors, sondern war hinter der Nordwand eines Verbindungsraumes vermauert. Dennoch haben die Grabräuber das Versteck entdeckt und vollständig geplündert.

Welch starken Wandlungen die königliche Grabarchitektur unterworfen war, zeigt auch der Grabbezirk des Nachfolgers König Amenemhets III. (1853–1806 v. Chr.) in Dahschur. Seine Pyramide, die den Namen «Amenemhet ist mächtig» trug, hat durch Plünderungen fast völlig ihre steinerne Verkleidung verloren, was ihr im Volksmund aufgrund des verbliebenen dunklen Ziegelkerns, der wie ein mächtiger Turm über 40 m hoch in den Himmel ragt, den Namen die «Schwarze Pyramide» eingetragen hat. Der Grabkomplex greift, äußerlich betrachtet, wieder auf die traditionelle Ost-West-Ausrichtung der Bezirke der 4. Dynastie zurück. Der Pyramidentempel ist bis auf geringe Reste völlig verschwunden. Der Taltempel in Form von zwei terrassenförmig ansteigenden, weiten Höfen und ein breiter, offener, kalksteingepflasterter Aufweg sind teilweise ausgegraben.

Die für die Pyramiden des Alten Reiches charakteristische Nordkapelle ist hingegen nicht mehr nachweisbar.

Das Besondere dieser Pyramide ist ihre unterirdische Anlage. Die Substruktur mit ihren 24 Räumen und Kammern sowie den Verbindungskorridoren mutet wie ein Labyrinth an. Es ist deutlich zu erkennen, daß sich der Schwerpunkt der Grabentwicklung nun vom oberirdischen Bereich, wo die Kulträume auf einige wesentliche Elemente reduziert wurden, auf den unterirdischen Bereich verlagert hatte.

Außer der Bestattung des Königs wurden auch zwei seiner königlichen Gemahlinnen in eigenen Kammern beigesetzt. Dafür wurden zwei Eingänge – für den König im Osten, für die Königinnen im Westen – angelegt, die erstmals seit der 3. Dynastie wieder Stufen im absteigenden Gang besitzen. Der östliche Zugang führte in das Gang- und Kammersystem des Königs, das unter der östlichen Hälfte der Pyramidenbasis lag. Dieses System besaß außer der Sarkophagkammer auch einen Bestattungstrakt für den königlichen Ka sowie 15 weitere Kammern, deren Funktion weitgehend unklar bleibt. Der zweite, westlich gelegene Eingang führte zu den Bestattungskammern der Königin Aat und einer unbekannten Frau, vermutlich einer weiteren Königin. Die Verbindung der Königinnenbestattungen mit dem Gangsystem des Königs im Osten dürfte recht früh während der Regierungszeit abgeschlossen gewesen sein. Die Beisetzung dieser Frauen in der Königspyramide stellt die konsequente Fortsetzung der Bau- und Bestattungssitten der vorhergehenden Zeit (vgl. dazu auch die Anlage Sesostris' III. auf S. 105 ff.) dar. Während im Alten Reich und vereinzelt auch im Mittleren Reich Königinnen in einer eigenen Pyramide bestattet wurden, konnten ab Sesostris I. wohl auch Prinzessinnen solche Grabbauten erhalten. Wenn bei Amenemhet III. zwei seiner Gemahlinnen in einem von Anfang an geplanten Gang- und Kammersystem mit einer dazugehörigen Ka- und Kanopenbestattung in der Königspyramide bestattet wurden, dann ist dies als «Aufwertung» der Königinnen in den Bestattungssitten anzusehen.

Ein drittes Gang- und Kammersystem liegt südlich der Königs- und Königinnenbestattungen und war von beiden im

Osten und Westen direkt zu betreten. Das Gangsystem verläuft etwas tiefer und ist mit seinen nischenartigen Räumen und Kapellen als eine Art Südgrab konzipiert, das – wie wir oben gesehen haben – unter Djoser zum ersten Mal architektonische Gestalt erfuhr (S. 62). Ähnlich wie die Königinnenbestattungen wollte man dieses symbolische Zweitgrab direkt unter der Pyramide angelegt wissen.

Im Gegensatz zu seinen beiden Gemahlinnen wurde der König jedoch nicht in dieser Pyramide bestattet. Er ließ sich aber auch nicht wie sein Vater eine Anlage in Abydos erbauen, sondern errichtete eine zweite Pyramide in der Fayum-Oase, wo bereits Sesostris II. seine Grabanlage erbauen ließ. Amenemhet III. hatte nämlich seine erste Pyramide auf demselben schwachen Untergrund errichtet, auf dem bereits 750 Jahre zuvor Snofru eine bittere Erfahrung mit seiner Pyramide machen mußte, die wir heute als «Knickpyramide» kennen. Für ein derartig aufwendiges und kompliziertes unterirdisches Gangsystem wie in der Amenemhet-Pyramide war der Untergrund nicht stabil genug. Noch während der letzten Bauphase begannen unter Einwirkung des enormen Drucks des Oberbaus an mehreren Stellen der unterirdischen Räume und Korridore Setzungen aufzutreten, die Risse im Kalksteinmauerwerk zur Folge hatten. Anfangs versuchte man – wie bei Snofru – die eingetretenen Bauschäden zu kaschieren. Sie bedeuteten keine Baukatastrophe von dem Ausmaß wie bei der Knickpyramide, waren aber immerhin so gravierend, daß man sich entschloß, die Pyramide aufzugegeben und vermauern zu lassen.

Daß Amenemhet III. sich ausgerechnet für das Fayum interessierte, hängt wohl mit der Wirtschaftslage dieses Seegebietes mit dem fruchtbaren Boden und den Fischgründen zusammen. Die Hauptgottheit der Oase, der Krokodilsgott Sobek, erhielt von Amenemhet III. einen Tempel in Schedet, «Krokodilopolis», der heute verschwunden ist. Nicht weit davon und direkt am Seeufer gelegen, ließ der Herrscher auf einem künstlich aufgeschütteten Damm zwei 11 m hohe, kolossale Sitzstatuen aus Quarzit auf 6,4 m hohen Sockeln errichten. Herodot war ob der Monumentalität tief beeindruckt, doch da er das Statuenheiligtum offenbar während der Überschwemmungszeit besucht hatte, schloß er fälschlicherweise, es handle sich bei den Kolossalfiguren um Pyramiden: *Mitten im See stehen nämlich zwei Pyramiden, die fünfzig Klafter hoch aus dem Wasser hervorragen und ebenso tief in das Wasser hinein. Auf jeder Pyramide steht ein Kolossalbild aus Stein, eine auf einem Thron sitzende Figur. So sind die Pyramiden also hundert Klafter hoch ...* (Übersetzung: A. Horneffer, Herodot, Historien, II. Buch, § 149).

Amenemhets III. zweite Pyramide steht beim heutigen Ort Hawara (Abb. Karte). Seit der Antike wurde dieser Pyramidenkomplex aufgrund seiner Größe und komplizierten Bauart als «Labyrinth» gerühmt. Herodot war sogar der Ansicht, daß das «Labyrinth» die Pyramiden an Bedeutung übertraf. Ein gewaltiger Tempelbau bildete den südlichen Teil des großen, in Nord-Süd-Ausrichtung angelegten Pyramidenbezirks, der mit 158 × 385 m (= 300 × 735 Ellen) nahezu die Ausmaße des Grabbezirks des Djoser erreichte. Der nördliche Abschnitt der Anlage wurde von der Pyramide eingenommen, die sich in ihrer Bauweise – einem Ziegelkern mit einer mehrere Meter starken Kalksteinverkleidung und einer Nordkapelle – nicht wesentlich von den Pyramiden ihrer Zeit unterschied.

Der Tempelkomplex und die unterirdische Anlage der Pyramide verdienen hingegen besondere Erwähnung. Allerdings ist die Tempelanlage derartig verwüstet, daß auch die zahlreichen antiken Beschreibungen von Herodot, Diodor, Strabon und Plinius keine auch nur annähernd sichere Rekonstruktion des einstigen Aussehens erlauben. Alle antiken Berichte erwähnen eine verwirrende Vielzahl an Kapellen und Höfen, ohne ihre Zahl korrekt anzugeben. Angeblich sollen die Kapellen genau die Summe der Gaue Ägyptens gebildet haben, wo die einzelnen Lokalgötter des Landes verehrt wurden. Daneben gab es aber auch Heiligtümer für die Hauptgottheiten und natürlich für den König selbst. Die zahlreichen Höfe und Säulenhallen, die wohl die Vorplätze der einzelnen Heiligtümer bildeten, verwirrten die Besucher offenbar dermaßen, daß sie sich in den sich wiederholenden Raumsequenzen nicht zurechtfanden und die Anlage als Labyrinth empfanden: *Die Flucht dieser Kreuz- und Querwege durch die Höfe, der bunteste Schmuck allenthalben – das alles ist voll unzähliger Schönheit; von den Höfen tritt man in die Kammern, von den Kammern in Säulenhallen, dann wieder in Kammern und wieder in Höfe. Überall ist die Decke aus Stein ebenso wie die Wände, und diese Wände sind voller Reliefs, und jeder Hof ist mit Säulen umgeben* ... (Übersetzung: H. W. Haussig, Herodot, Historien, II. Buch, § 148).

In diesem «Labyrinth» wurde in monumentaler dreidimensionaler Ausgestaltung der Rahmen für den Götter- und Herrscherkult geschaffen, der in älteren Bauwerken oft nur in zweidimensionaler, bildlicher Wiedergabe an den Tempelwänden den König im Verkehr mit der Götterwelt zeigte. Reste von Architekturfragmenten, Säulenbasen, Säulenfragmenten, Kapellenteilen und Statuen, zumeist aus Granit gefertigt, belegen diese dreidimensionale Umsetzung der Gemeinschaft des Göttlichen mit dem Irdischen. Nach den antiken Schilderungen lagen unter dieser gewaltigen Anlage offenbar weitere Kammern, in denen die Särge der Erbauer des «Labyrinths» sowie die Bestattungen der heiligen Krokodile standen.

Der Eingang in die Pyramide selbst lag diesmal an der Südseite. Gestaltung und Konstruktion der Innenräume bilden das Bindeglied zwischen den unterirdischen Anlagen der 12. Dynastie (vor allem der Pyramide Sesostris' II. in el-Lahun und der Amenemhets III. in Dahschur) und den Pyramiden der 13. Dynastie. Der Bestattungstrakt befindet sich wieder fast exakt unter dem Zentrum der Pyramide und ist ähnlich wie bei Sesostris II. in Anspielung auf das Osirisgrab von einem Korridor- und Gangsystem umschlossen. Die Sarkophagkammer ist zum ersten Mal seit Snofru (Meidum, Knickpyramide) wieder Nord-Süd-orientiert.

Im Gegensatz zur Dahschur-Pyramide haben sich die Baumeister in Hawara ein raffiniertes System an Blockierungen und blinden Korridoren einfallen lassen, das auffällig an das System des Abydos-Grabes Sesostris' III. erinnert. An jedem Knickpunkt der Korridorführung endet der Korridor blind in einer Kammer. Der weitere Korridorverlauf ist als ein in der Decke verborgener Gang angelegt. Jeder dieser Knickpunkte sollte mit einem gewaltigen, bis zu 20 t schweren Blockierungsstein aus Quarzit versperrt werden.

Die Grabkammer besteht aus einem einzigen Quarzitblock von ca. 110 t Gewicht. Der in den Block gehauene Innenraum (7 m lang und 2,5 m breit) enthielt den Quarzitsarkophag des Königs sowie einen zweiten, kleineren Sarkophag aus demselben Material. Zwei Kanopenkästen standen neben den Sarkophagen. Die Sarkophagkammer wurde von drei enormen Quarzitbalken verschlossen. Über diesen bildete ein Stemmplattengewölbe aus 55 t schweren Kalksteinplatten sowie ein darüber befindliches Ziegelgewölbe von etwa 1 m Stärke die Entlastungskonstruktionen. Alle drei Deckenkonstruktionen ruhten auf dem die Kammer umgebenden Fels und belasteten dadurch nicht die Bestattungskammer. Obwohl die Kammer also unbeschädigt war, ist es Grabräubern gelungen, auch diesen «Tresor» zu knacken, den Inhalt zu plündern und die Königsmumie zu verbrennen.

Weder vom Nachfolger Amenemhets III., König Amenemhet IV. (1807–1798 v. Chr.), noch vom letzten Herrscher der 12. Dynastie, Königin Sobeknofru (1798–1794 v. Chr.) – einer Tochter Amenemhets III. und vermutlich Halbschwester und Gemahlin sowie vermutlich Koregentin Amenemhets IV. – ist eine Grabanlage sicher nachweisbar. Aufgrund der auffälligen Ähnlichkeit mit dem unterirdischen Kammersystem der Hawara-Pyramide werden zwei unvollendete Pyramiden beim Ort Mazguneh, ca. 5 km südlich von Dahschur gelegen (Abb. Karte), diesen beiden Herrschern zugeschrieben, was jedoch nicht gesichert ist. Etliche Forscher datieren diese beiden Bauwerke bereits in die 13. Dynastie (1794–1648 v. Chr.). Beide Anlagen sind unvollendet geblieben und stark verwüstet. Auch von den sie umgebenden Kultbauten, falls sie je vollendet waren, ist außer geringen Ziegelresten nichts bekannt. Der Befund in den unterirdischen Räumen deutet darauf hin, daß beide Grabanlagen leer geblieben sind. Die Sarkophagkammern sind Nord-Süd-orientiert, was im Gegensatz zum Alten Reich nun offenbar Standard der königlichen Grabarchitektur wurde.

Mit dem Ende der 12. Dynastie (um 1794 v. Chr.) begann der langwierige Prozeß der innerstaatlichen Auflösung Ägyptens, der sich vor allem im Fehlen großer Denkmäler und Grabanlagen niederschlug. Von den wenigen bekannten und der 13. Dynastie zugeordneten Pyramiden sind nur zwei sicher identifiziert: die eine stand in Saqqara-Süd und gehörte König Chendjer (um 1750 v. Chr.), einem der bedeutenderen Herrscher jener historisch dunklen Epoche. Sein Name, «der Eber», ist völlig unägyptisch und deutet darauf hin, daß er als Ausländer den Königsthron bestieg. Die zweite Pyramide wurde von einem ephemeren König namens Ameni-Kemau, dessen historische Einordnung innerhalb der 13. Dynastie umstritten ist, in Dahschur-Süd erbaut. Die übrigen Anlagen, soweit erhalten und entdeckt, können lediglich aufgrund der typologischen Zuordnung des Grundrisses ihrer Substruktur zeitlich geordnet werden, da von den Oberbauten und Kultanlagen fast nichts erhalten oder dokumentiert ist. Bis auf die Pyramidenanlage des Chendjer scheinen alle Bauwerke nie fertiggestellt worden zu sein.

Die wenigen Anlagen geben jedoch recht deutlich zu erkennen, worauf man nun beim Pyramidenbau Wert legte: auf die Sicherung der Bestattungsanlage. Man verfeinerte die Blockierungsmethoden zu bewundernswerter Perfektion und scheute auch nicht vor der Verwendung von Verschlußsteinen gigantischen Gewichts zurück. Waren die Grabkammer und der Verschluss in der Chendjer-Pyramide aus einem einzigen enormen Quarzitblock von mehr als 60 t Gewicht gefertigt (Abb. 12), so übertraf das unterirdische System der anonymen Pyramide von Saqqara-Süd alles bisher erbaute.

Die Konstruktion dieser Grabkammer stellt eine Meisterleistung der Architekten des späten Mittleren Reiches dar, die einen Vergleich mit architektonischen Errungenschaften des Alten Reiches durchaus nicht zu scheuen braucht, ja diese sogar übertraf. Grabkammer und Sarkophag bestehen aus einem gewaltigen, ca. 150 t wiegenden Quarzitblock. Der Herkunftsort dieses Gesteinsmaterials dürfte der Steinbruch Gebel el-Ahmar bei Heliopolis (nahe Kairo), also rund 40 km vom Bauplatz entfernt, gewesen sein. Der Bestattungstrakt wurde wiederum von einem

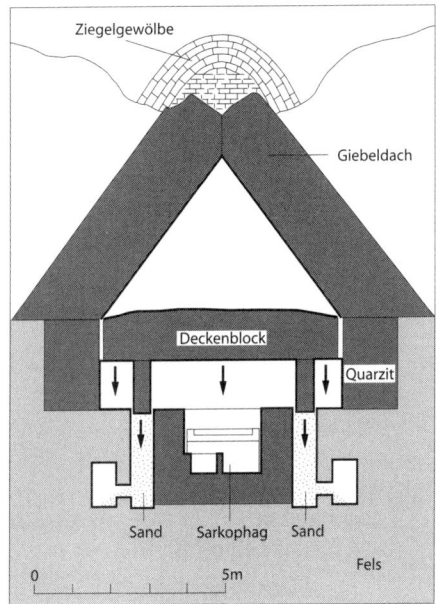

Abb. 12: Aufriß durch die Konstruktion der Sargkammer der Chendjer-Pyramide (13. Dynastie) in Saqqara-Süd

Stemmplattendach aus Kalkstein und einem darüberliegenden Ziegelgewölbe entlastet. Das schwere Quarzitdach der Kammer sollte wie bei etlichen anderen Anlagen über Sandkanäle abgesenkt werden (vgl. Abb. 12). Rätselhaft ist jedoch, daß sowohl bei dieser Pyramide wie auch bei fast all den anderen aufwendig gestalteten Sarkophagkammerkonstruktionen die Blockierungen nie in Position gebracht und die Kammer- und Sarkophagdeckel im ungeschlossenen Zustand verlassen wurden. Waren diese mit so großem Aufwand angelegten Substrukturen vielleicht von Anfang an nur als Scheingräber erbaut worden, weil die Zeiten bereits derartig unsicher waren, daß man die Erbauer geheim an einem anderen Ort beisetzte, um sie späteren Beraubungen zu entziehen? Oder wurden sie aus religiösen Gründen an einem anderen Ort – vielleicht wieder in Abydos – bestattet?

Die Antwort auf diese Fragen kennen wir nicht. Fest steht aber, daß im Verlauf des 17. Jahrhunderts v. Chr., als die staat-

liche Einheit Ägyptens wiederum auseinandergebrochen war,
auch die Epoche des monumentalen königlichen Pyramidenbaus zu Ende ging.

VII. Die Pyramiden ab dem Neuen Reich – Die Pyramide als Privatgrab

Während der Hyksosherrschaft (1645–1536 v. Chr., 15. Dynastie) erstarkte in Theben ein Fürstengeschlecht, das in der historischen Überlieferung als 17. Dynastie (1645–1550 v. Chr.) geführt wird. Dieser Dynastie gelang es, unter ihren Herrschern
Kamose und Ahmose die Hyksos aus Ägypten zu vertreiben
und die Fremdherrschaft zu beenden.

Während über den Bestattungsort und die Grabformen der
Hyksos nichts bekannt ist, wurden die Mitglieder der 17. Dynastie in den Felshängen von Dra Abu'l Naga am thebanischen
Westufer bestattet. Die Grabungen in diesem Friedhof fanden
um die Mitte des 19. Jahrhunderts statt und wurden äußerst
oberflächlich dokumentiert, so daß die wenigen, damals noch
existierenden Befunde heute verschwunden sind. Welche Formen diese Gräber einst hatten, war lange Zeit umstritten. Erst
vor kurzem gelang dem Deutschen Archäologischen Institut in
Kairo der Nachweis, daß das thebanische Herrscherhaus –
wohl in Fortführung der alten Tradition – tatsächlich Pyramiden als Grabmäler für ihre Könige erbauen ließ. Bereits in den
Texten der sogenannten Grabräuberpapyri aus dem Ende der
20. Dynastie (um 1100 v. Chr.) wurden die Königsgräber der
11., 17. und frühen 18. Dynastie – darunter auch die Anlage des
Königs Sechemre Schedtaui Sobekemsaf und seiner Gemahlin
Nubchaes (s. S. 17 f.) – als *mer*, «Pyramiden»-Gräber, bezeichnet. Diese Pyramiden waren in der Regel kleine, aus getrockne-
ten Nilschlammziegeln errichtete Bauwerke mit steilen Nei-
gungswinkeln. Sie besaßen keine Verkleidung, sondern waren
nur geweißt, doch hatten sie teilweise beschriftete Spitzen aus

Kalkstein, wie das erhaltene Exemplar vom Grabmal König Intefs V. (um 1650 v. Chr.) zeigt.

Auch wenn das Grab König Ahmoses (1550–1525 v. Chr.), des Begründers der 18. Dynastie, bisher nicht gefunden wurde, so kennen wir sein Scheingrab in Form einer Pyramide, einer unterirdischen Anlage und einem Tempelbau am Westufer der alten Stadt Abydos (Abb. Karte). Dieser Kenotaph-Komplex erstreckte sich südlich von dem Bau Sesostris' III. der 12. Dynastie (s. S. 108). Der terrassenartige Tempelbau, im Felsabhang der Westwüste gelegen, diente dem Königskult. Östlich davon lag der unterirdische Grabteil des Ahmose-Kenotaphs, in Form eines S-förmigen Gangsystems mit einer Pfeilerhalle. Nahe am Fruchtland stand die Pyramide, ein stattlicher Bau von 52,5 m (= 100 Ellen) Basislänge und aus losem Gesteinsmaterial und Sand errichtet. Die Reliefs, die im zerstörten Pyramidentempel geborgen wurden, zeigen u. a. auch historisch bedeutsame Kampfszenen gegen die Hyksos. Einige 100 m westlich von seiner eigenen Anlage ließ Ahmose eine Pyramide mit Kultanlage für seine Großmutter Tetischeri errichten. Ein Zugang an der Ostseite führte in einen langgestreckten Kultraum im Inneren des Bauwerks. In der Inschrift einer Stele, die an der Rückwand dieses Raumes gefunden wurde, spricht der König davon, «der Mutter seiner Mutter» eine Pyramide und einen Tempel, ausgestattet mit einem See und Baumgarten, in Abydos errichten zu lassen.

Wie viele Könige dieser Epoche Scheingräber in Abydos besaßen, ist nicht bekannt, doch unterrichtet uns noch eine Inschrift König Thutmosis' I. (1504–1492 v. Chr.), daß offenbar auch er einen Kenotaphbau in Form einer Pyramide an diesem Ort besaß. Seine eigentliche Grabstätte ließ dieser Herrscher in einem Tal westlich von Deir el-Bahari anlegen, das heute als *Biban el-Moluk,* «Tal der Könige» (eigentlich «Tore der Könige»), bekannt ist. Er begründete damit den bekanntesten Königsfriedhof des Alten Ägypten, denn nach ihm ließen sich fast alle Herrscher des Neuen Reiches (1550–1070 v. Chr.) dort bestatten. Während das eigentliche Königsgrab nun tief im Fels des Westgebirges lag, wurden die Tempelanlagen für den Königskult nahe dem Fruchtlandrand errichtet, die als sog. «Häuser für

Millionen Jahre» dem Ewigkeitsanspruch des vergöttlichten
Königs dienten. Die Form der Pyramide als Symbol des königlichen Grabmals verlor damit seinen exklusiven Status.

In der Privatgrabarchitektur wurde die Bauform der Pyramide allerdings nicht sofort übernommen. Erst ab der Mitte der
18. Dynastie (um 1450 v. Chr.) lassen sich auch Mitglieder der
Königsfamilie, hohe Beamte und selbst einfache Arbeiter Gräber anlegen, die eine Pyramide als Teil des Grabbaus enthalten.
Diese Bauwerke sind von Saqqara bis Soleb in Unternubien
(Abb. Karte) anzutreffen. Eines der bekanntesten ist das südlich
des Unasaufweges in Saqqara gelegene Pyramidengrab des unter Tutanchamun (1333–1323 v. Chr.) amtierenden Oberbe-
fehlshabers Haremhab, der später als letzter Herrscher der
18. Dynastie den Thron bestieg (1319–1292 v. Chr.) und dann
im Tal der Könige beigesetzt wurde.

In dieser Zeit wurde auch die Abbildung von Pyramiden in
den Dekorationen der Privatgräber zu einem beliebten Thema
der Wanddarstellungen. Sie unterscheiden dabei die zwei wichtigsten Bauformen, die auch archäologisch faßbar sind: zum
einen die Pyramide, die in ihrem Inneren eine Kultkapelle aufweist und somit betretbar ist (Abb. 13); zum anderen die Pyramide, die über der Eingangsfassade des Grabes errichtet ist und
nicht betreten werden kann.

Die heute bekanntesten Pyramiden des Neuen Reiches sind in
der Arbeitersiedlung in Deir el-Medineh am thebanischen Westufer errichtet worden. Dort lebten die Handwerker mit ihren
Familien, die im nahe gelegenen Tal der Könige für die Errichtung der Königsgräber zuständig waren. Sie nutzten ihre Kunst-
fertigkeit, um für sich selbst kleine, dafür aber hervorragend dekorierte Gräber in der Felsflanke nahe ihrer Siedlung anzulegen.

Diese bestanden zumeist aus einer mit einem kleinen Pylon
versehenen Fassade mit dahinter liegendem Hof, der von einer
Umfassungsmauer umgeben war. Die Rückseite des Hofes bildete die geglättete Felsfassade, die bisweilen mit einem Säulen-
portikus ausgestaltet war. Der Eingang führte in die im Fels angelegten Kulträume, deren Wände mit Dekorationen funerären
Charakters ausgemalt waren. Auf dem präparierten Felsdach

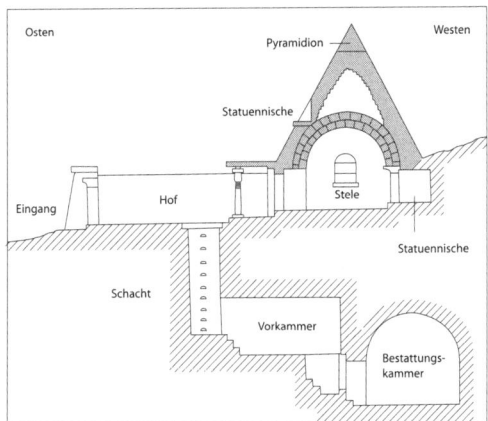

Abb. 13: Schnitt
durch ein Pyra-
midengrab in Deir
el-Medineh

über dem Eingang erhob sich die Ziegelpyramide mit einer Basislänge von etwa 5 m. Durch einen steilen Neigungswinkel (bis
zu 70°) versuchte, man Höhe zu gewinnen, was zu der charakteristisch schlanken Bauform dieser Monumente führte. Das Baumaterial waren Schlammziegel, die man mit einem Verputz ver-
sah und weißte. Die Spitze bildete ein Kalksteinpyramidion, das
den toten Grabherrn in betender Haltung vor dem Sonnengott
zeigt. An der Ostseite hatten viele dieser kleinen Pyramiden zusätzlich eine im Mauerwerk vertiefte Nische, in der eine die
Sonne verehrende Statue des Grabherrn aufgestellt war. Die
meisten dieser Bauwerke waren trotz ihrer Unbegehbarkeit innen hohl (was ihr rasches Vergehen erklärt), um nicht zu starken Druck auf die unter ihnen befindlichen Kammern auszu-
üben.

Der Eingang in die unterirdische Bestattungsanlage lag entweder im Hof vor der Grabfassade oder in einem der betretbaren Kulträumen im Fels. Über einen senkrechten Schacht gelangte man in zwei bis drei unterirdische Kammern. Während
die ersten meist nur roh aus dem Fels geschlagen waren, erhielt
die mit einem Tonnengewölbe ausgestattete Sargkammer eine
Verkleidung aus Ziegeln, die anschließend mit Stuck überzogen
wurde. Auf diesen Wandflächen wurden großartige Bildkompo-

sitionen aufgemalt, die sich auf den Totenkult und den Verkehr des Toten mit den Göttern in der Unterwelt bezogen.

Mit ihrer Monumentalität büßte die Pyramide auch ihre ursprüngliche Bedeutung ein. In ihrer Form war sie zwar noch ein entfernter Nachklang königlicher Architektur, doch ihre Bedeutung stand unter einem veränderten Aspekt der Jenseitsvorstellung. Die Pyramiden waren zum Symbol der Auferstehungshoffnung und des jenseitigen Lebens in Gemeinschaft mit der täglich aufgehenden Sonne geworden. Die grundlegende Vorstellung war, daß die Seele des Verstorbenen (in Form eines menschenköpfigen Vogels dargestellt; ägypt. *Ba*) sich jeden Morgen auf der Spitze der Grabpyramide niederließ, um die aufgehende Sonne zu begrüßen und am ewigen Kreislauf des Lebens teilzuhaben.

Als Ende des 8. Jh. v. Chr. der Kuschiten-Herrscher Pije (der Begründer der 25. Dynastie, 746–664 v. Chr.) von Nubien kommend das Niltal eroberte, hatte er sicher auch die zahlreichen alten Pyramiden entlang des Nils wahrgenommen. Da er sich in der Tradition der großen ägyptischen Herrscher zeigen wollte, ließ er sich bei el-Kurru, nahe der alten Hauptstadt Napata am Gebel Barkal (Abb. Karte) sein Grabmal in Form einer Pyramide errichten. Piye begründete damit eine «neue» Bautradition, denn seine Vorgänger waren noch in tumulusartigen Gräbern beigesetzt worden. Alle seine Nachfolger sowie zahlreiche Königinnen wurden in diesem Friedhof in Pyramiden beigesetzt. Von Anfang an waren diese «nubischen» Pyramiden keine ausschließlich auf das Herrscherhaus beschränkte Grabform, sondern standen auch der Oberschicht als Grabmal offen.

Piyes Pyramide besaß eine Seitenlänge von 12 m (= 23 Ellen) und einen Böschungswinkel von 68°. Ihre Konstruktionsweise ist simpel und besteht aus einem äußeren Steinmantel von gut gesetzten Steinblöcken. Das Innere war allerdings nur mit Schotter und Steinschutt gefüllt und mit reichlich Lehmmörtel gefestigt. Die unterirdische Grabkammer war über einen im Osten gelegenen Treppenkorridor zugänglich. Erst nach der Beisetzung konnte dieser Korridor zugeschüttet und darüber an der Ostseite der Pyramide der Kultbau in Form einer kleinen Kapelle errichtet werden. Piyes Nachfolger verlängerten den Korridoreingang

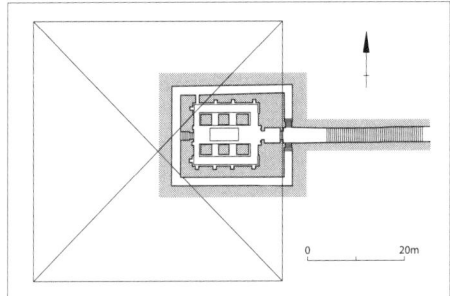

Abb. 14: Das Pyramidengrab des Königs Taharqa in Nuri

0   20m

ihrer Pyramidengräber derart nach Osten, daß man schon zu ihren Lebzeiten die Kultanlage an der Ostseite der Pyramiden errichten konnte und die Grabkammern dennoch zugänglich blieben. Der vorletzte Herrscher dieser Dynastie, Taharqa (690–664 v. Chr.), verlegte seine Grabanlage nach Nuri auf das Flußufer gegenüber dem Gebel Barkal (Abb. Karte) und begründete dort mit seiner Pyramidenanlage einen neuen Königsfriedhof. Sein Grab (Abb. 14) ist das größte und aufwendigste in dieser Nekropole (Basislänge: 100 Ellen). Die Sargkammer besteht aus einer Pfeilerhalle, die von einem umlaufenden Korridor umgeben ist und osirianische Vorstellungen in Architektur umsetzen sollte. In Nuri liegen die Grabstätten von 21 Königen, 52 Königinnen und etlichen Prinzen.

Während Ägypten von den Ptolemäern beherrscht wurde (330–30 v. Chr.), entwickelte sich um 300 v. Chr. die Stadt Meroe (zwischen dem 5. und 6. Katarakt gelegen, Abb. Karte) zum politischen Zentrum Nubiens. Das Reich von Meroe, eine nubische Kultur, führte alte ägyptische Traditionen weiter und rezipierte sie, während Ägypten selbst bereits von der griechisch-römischen Kultur überlagert wurde. Auch die Idee des Pyramidenbaus wurde in Meroe nicht vergessen. Ein Charakteristikum dieser späten Pyramiden ist das Fehlen einer eigenen Spitze, des Pyramidions. Die Pyramiden waren zwischen 10 und 30 m hoch, standen auf einem Steinsockel, und ihre Seitenflächen konnten entweder stufenförmig oder glatt ausgebildet sein. Die Front der Kultkapelle im Osten wurde von einem mit Reliefs dekorierten Pylonbau gebildet. Der unterirdische Sargraum war über tiefe Treppenkorridore vom Osten her zugänglich.

600 Jahre lang blieb die Nekropole bei Meroe Bestattungsplatz der Könige, wobei im bedeutendsten Friedhof, der sogenannten Nord-Nekropole, 30 Herrscher, 8 regierende Königinnen und mehrere Prinzen bestattet wurden. Erst als die Abessynier (Äthiopen) Mitte des 4. Jh. n. Chr. das Reich von Meroe zerstörten, verschwand auch die Pyramide als Symbol aus der funerären Architektur.

Abbildungsnachweise

Alle Abbildungen in diesem Band sind Computergraphiken, die von Frau Liza Majerus nach folgenden Vorlagen angefertigt wurden:

Abb. Karte des Niltals und Abb. 1, 2, 3, 7, 10 unten, 12, 14, nach: D. Arnold, *Lexikon der ägyptischen Baukunst*, München/Zürich 1994, Abb. S. 288 f., 203, 69, 156, 201, 237, 233, 255.
Abb. 4 nach: L. Borchardt, *Einiges zur dritten Bauperiode der Großen Pyramide bei Gise*, Berlin 1932, Taf. 1.
Abb. 5, 8, 11 nach: D. Arnold, in: *Temples of Ancient Egypt* (ed. by Byron E. Shafer), New York 1997, S. 50 Fig. 13, S. 65 Fig. 24, S. 56 Fig. 18.
Abb. 6 nach: M. Verner, *Verlorene Pyramiden, vergessene Pharaonen. Abusir*, Prag 1994, Abb. auf S. 65 unten.
Abb. 9 nach: J. Leclant, A. Labrousse, in: *Communication présentée à l'Académie des Inscriptions et Belles-Lettres dans sa séance du 23 mars 2001*, Paris 2001, S. 3 Fig. 1.
Abb. 10 oben nach: W. F. M. Petrie, *Lahun II*, London 1923, Taf. 8.
Abb. 13 nach: G. Steindorff und W. Wolf, *Die Thebanische Gräberwelt*, Glückstadt/ Hamburg 1936, Abb. 23.

Glossar

antichambre carrée: Bezeichnung für den quadratischen Raum mit steinerner Mittelstütze, der ab Niuserre (5. Dynastie) zum Grundbestand der Pyramidentempel gehört. Die Reliefs dieses Raumes zeigen u. a. den König beim Besuch verschiedener Heiligtümer und Götterkapellen.

ben-ben-Stein: Mit dem Sonnenkult verbundener kegelförmiger Steinfetisch in Heliopolis. Erste Stätte der Erscheinung des Urgottes Atum-Cheper bei der Entstehung der Welt (→ «Urhügel»-Vorstellung). Die Bezeichnung *ben-ben* wurde auf die Spitzen der Obelisken, → Sonnenheiligtümer und Pyramiden → Pyramidion) übertragen, die als erster «Erscheinungsort» der aufgehenden Sonne galten.

Elle: Ägyptische Maßeinheit, 1 Elle = 0,525 m, unterteilt in 5 Hände zu je 4 Fingern.

Götterfestung: Festungsartiger Kultbezirk der Frühzeit mit in Nischen gegliederter Umfassungsmauer und darin befindlichen Heiligtümern für die Kronengottheiten Nechbet (Geier) und Wadjet (Kobra), wo sich König und göttliche Mächte zur Abhaltung ritueller Feste trafen («Gottespalast»). Die Bauform wirkte auf die Grabarchitektur späterer Zeit (Djoserbezirk, Anlagen des Mittleren Reiches).

Hebsed-Fest: Für das ägyptische Königtum zentrales Fest der Herrschafts- und Krafterneuerung. Im Idealfall im 30. Jahr der Thronbesteigung zum ersten Mal vollzogen. Verstorbene Herrscher sollten im Jenseits unendlich viele *Hebsed*-Feste feiern.

Ka: Wichtiger Bestandteil eines Menschen, Königs oder Gottes, der die Gesamtheit schöpferischer Lebenskraft verkörpert (Manifestation des irdischen «Ich»). Der Ka entsteht bei der Geburt, existiert nach dem Tod weiter und braucht neben bildlichen Manifestationen (Statuen, Darstellungen) auch eine dauerhafte Versorgung, um seine Unsterblichkeit zu sichern.

Kanope: Behälter zur Aufnahme der bei der Mumifizierung entfernten Eingeweide. Der Kanopenkasten – zumeist mit vier Kanopen-Krügen bestückt – wurde in der Regel nahe beim Sarkophag in der Sarkophagkammer aufgestellt oder in einer abgedeckten Vertiefung im Fußboden aufbewahrt.

Kenotaph: Schein- oder Zweitgrab des Königs, das entweder im Grabbezirk eingegliedert (Djoser: Südgrab → Kultpyramide) oder vom eigentlichen Bestattungsort getrennt angelegt ist (z. B. in Abydos). Die Funktion dieser rituellen Zweitbestattung ist bisher nicht eindeutig geklärt.

Kult-Pyramide: Kleine Nebenpyramide, die ab Snofru (4. Dynastie) bis Sesostris I. (12. Dynastie) Bestandteil der königlichen Pyramidenbezirke ist, jedoch keiner menschlichen Bestattung diente. Ab der 5. Dynastie auch bei Königinnenpyramiden nachgewiesen. Ihre Funktion innerhalb des Pyramidenbezirks ist umstritten (Bestattung einer Ka-Statue?, daher auch die oft gebrauchte Bezeichnung Ka-Pyramide). Die Kult-Pyramide dürfte aus dem Südgrab → Kenotaph im Djoserbezirk entstanden sein.

Mastaba: Arabisches Wort für «(Sitz-)Bank» zur Bezeichnung einer Grabanlage mit rechteckigem, massivem Oberbau, durch den ein Schacht zur unterirdisch gelegenen Sargkammer führt. Die Opferstelle befindet sich in Form einer → Scheintür an der Ostseite der Mastaba.

Mastaba el-Faraun: Arabische Bezeichnung für das Grabmal des Königs Schepseskaf (4. Dynastie) in Saqqara-Süd, der sich statt einer Pyramide eine gigantische → Mastaba erbauen ließ.

Osirisgrab (Osireion): Mythische Grabstätte des ermordeten Gottes Osiris, der auf einer von Wasser umgebenen und mit Bäumen bepflanzten Insel in einem Schrein ruht. Architektonisch nachgebildet in zahlreichen Königsgräbern (z.B. Pyramide Sesostris' II.) und → Kenotaphen.

per-weru: Altägyptische Bezeichnung für «das Haus der Großen [des Landes]». Langgestreckter Eingangssaal zwischen Aufweg und Tempelhof, in dem machterhaltende Riten des Herrschers und seiner «Großen» an den Wänden abgebildet waren.

Pyramidion (pl. Pyramidia): Die Spitze oder der Abschlußstein einer Pyramide (altägyptisch: *ben-benet* → *ben-ben*-Stein). Zumeist aus hartem Gestein hergestellt und mit einem Edelmetall überzogen. Ab dem Mittleren Reich ist das Pyramidion auch dekoriert und beschriftet.

Scheintür: Darstellung einer Tür als scheinbare Durchgangsmöglichkeit an der Grabfassade → Mastaba). Opferplatz und Nahtstelle zwischen Lebenden und Toten; im Pyramidentempel ist die Scheintür der magische Erscheinungsort der Götter und des verstorbenen Königs.

Serdab: Persisch-arabisches Wort für das «Abgeschlossene», «Unzugängliche». In den Gräbern ein unbetretbarer Raum, in dem Statuen des Verstorbenen und seiner Familie aufgestellt waren.

Sonnenheiligtum: Bezeichnung für sechs namentlich bekannte Kultanlagen der 5. Dynastie, wovon nur zwei – die der Könige Userkaf und Niuserre – auch archäologisch nachgewiesen sind. Sonnenheiligtümer bestanden, ähnlich wie Pyramidenanlagen aus einem Taltempel, einem Aufweg und einem oberen Baukomplex mit offenem Hof, Opferaltar, Schlachtungsstätten und einem gewaltigen, im Zentrum stehenden Obelisken. In den Sonnenheiligtümern wurde der abendliche (= «sterbende») Sonnengott mit dem König als Sohn des [Sonnengottes] Re verehrt.

Urhügel: Vorstellung eines Erd-/Sandhügels, der bei der Erschaffung der Welt als erstes Land aus dem Urgewässer aufgetaucht ist; als Symbol des neuen Lebens und der Auferstehung mit dem → Osirisgrab in Verbindung gebracht.

Kommentierte Auswahlbibliographie

Die Literatur zu den ägyptischen Pyramiden und zum Problem des Pyramidenbaus im Speziellen ist unübersehbar geworden. Dem interessierten Leser wird hier eine kurz kommentierte Auswahl der neueren Literatur sowie der wichtigsten grundlegenden Werke geboten. In allen genannten Publikationen ist weiterführende Fachliteratur zu finden.

Allgemein: Wer das Englische nicht scheut, dem sei der 1993 in letzter Auflage und durch die neuesten Forschungsergebnisse erweiterte «Klassiker» von **Ioworth**

E. S. Edwards, *The Pyramids of Egypt.* With New Material, Harmondsworth, empfohlen. Ein Standardwerk ist auch die Arbeit des französischen Architekten und Ägyptologen **Jean-Philippe Lauer,** *Le mystère des pyramides,* Paris 1974 (dt.: *Das Geheimnis der Pyramiden,* München/Wien 1990). **Mark Lehner** hat mit *The Complete Pyramids,* London 1997 (dt.: *Das Geheimnis der Pyramiden,* München 1997) ein reich bebildertes, umfangreiches Werk vorgelegt, das dem letzten Stand der Forschung entspricht; die englische Originalausgabe ist der dt. Übersetzung vorzuziehen. Die detaillierte Darstellung *Die Ägyptischen Pyramiden. Vom Ziegelbau zum Weltwunder,* Mainz 1997[3], des ehemaligen Direktors des Deutschen Archäologischen Instituts in Kairo und Bauforschers an der Roten Pyramide, **Rainer Stadelmann,** setzt sich ausführlich mit den Problemen zum Pyramidenbau, wie auch zu den diversen Interpretationen und Deutungen der einzelnen Bauwerken auseinander. Eine vertiefende Darstellung der Bauwerke der 4. Dynastie, *Die großen Pyramiden von Giza,* von demselben Autor ist 1990 in Graz erschienen. *Das Vermächtnis des Cheops. Die Geschichte der Großen Pyramide,* München 2003, von **Michael Haase** ist ein wissenschaftlich fundiertes Werk, das dem Leser die oft komplizierten technischen und ägyptologischen Diskussionen allgemeinverständlich näherbringt. Die jüngste kompetente Arbeit zu den Pyramiden liegt von **Miroslav Verner,** dem Leiter der tschechischen Grabungen auf dem Pyramidenfeld in Abusir vor: *Die Pyramiden,* Reinbek 1998.

Spezialliteratur: Nach wie vor unentbehrlich ist die 8-bändige Publikation von **Vito Maragioglio** und **Celeste A. Rinaldi,** *L'architettura delle piramidi Menfite,* Turin/Rapallo 1963–1977 (in ital. und engl. Sprache), die zahlreiche Pläne und detaillierte Beschreibungen zur Architektur der Bauwerke des Alten Reiches bietet (nur die Bde. II bis VII sind erschienen, die Reihe ist unvollständig geblieben). Wer den Djoserbezirk eingehend studieren möchte, liest die grundlegende Arbeit von **J.-Ph. Lauer,** *La Pyramide à degrés,* 3 Bde., Kairo 1936–1939. Eine vom Standpunkt des Architekten und Bauforschers verfaßte Arbeit zu den Pyramiden der späten 5. und 6. Dynastie hat der Grabungsleiter von Saqqara-Süd, **Audran Labrousse,** herausgegeben: *L'architecture des pyramides à textes,* 2 Bde., Kairo 1996 u. 2000. Zu den Pyramiden des Mittleren Reiches fehlt eine eigenständige zusammenfassende Darstellung; viele Anlagen dieser Epoche sind bisher nur oberflächlich ausgegraben und einige so gut wie nicht dokumentiert. An neueren Fachpublikationen sind erschienen: zur Pyramide Sesostris' I.: **Dieter Arnold,** *The South Cemeteries of Lisht. I. The Pyramid of Senwosret I,* New York 1988; ders., *The South Cemeteries of Lisht. III. The Pyramid Complex of Senwosret I,* New York 1992; zur Pyramide Sesostris' III.: ders., *The Pyramid Complex of Senwosret III at Dahshur. Architectural Studies,* New York 2002; zur Pyramide Amenemhets III. in Dahschur: ders., *Der Pyramidenbezirk des Königs Amenemhet III. in Dahschur,* Bd. I, Die Pyramide, Mainz 1987. Zur neu entdeckten Pyramide des Königs Nub-cheper-Re Intef (17. Dynastie) siehe: **D. Polz** und **A. Seiler,** *Die Pyramidenanlage des Königs Nub-Cheper-Re Intef in Dra' Abu el-Naga,* Mainz 2003. Wer sich für die Pyramiden des Neuen Reiches und späterer Epochen interessiert, wird ebenfalls neben den meist knapp gehaltenen allgemeinen Darstellungen gängiger Literatur zu Spezialpublikationen und Grabungsberichten greifen müssen. Eine fundierte und reich bebilderte Darstellung, besonders zur Rezeptionsgeschichte der Pyramiden von der Antike bis heute, liefert der Ausstellungskatalog von **Christian Tietze,** *Die Pyramide. Geschichte – Entdeckung – Faszination,* Weimar/Berlin 1999.

Register

C.H.BECK ✚ WISSEN

in der Beck'schen Reihe

Zuletzt erschienen: